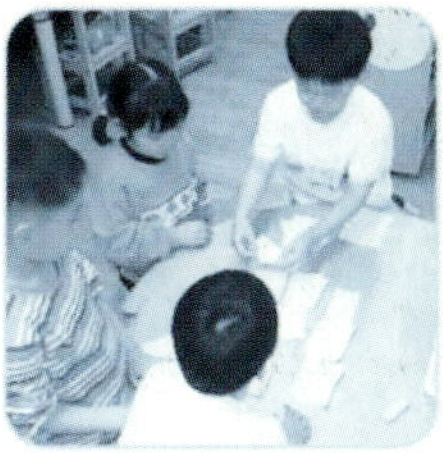

Project Approach in the Field of Early Childhood Education

유아교육현장에 쉽게 적용할 수 있는

프로젝트 접근법

이명조 · 배미희 공저

동문사

머 리 말

프로젝트 접근법이 우리 유아교육현장에 도입된 지 불과 10여 년 밖에 되지 않았지만 그 유용성은 널리 인정받고 있다. 정말 반가운 일이다. 급변하는 사회 속에서 유아의 통합적 발달을 위한 교육이 요구되고 있는 시점에서 프로젝트 접근법은 환영받을 만하다.

그러나 아직도 우리 유아교육현장에는 프로젝트를 제대로 적용해 보고 싶은 초임교사나 기존의 교사들이 많다. 그러나 이들은 교육현장의 짜여진 스케줄로 인해 프로젝트 관련 일반 지침서나 참고서를 가지고 이를 적용하는데 한계가 있음을 느낀다. 이러한 사정을 고려하여 이 책은 다음 두 가지 점에 초점을 두게 되었다.

첫째, 프로젝트 교육을 처음으로 실시하려는 교사에게 도움을 주고자 하였다. 프로젝트 접근법의 활동 진행과정을 유아와 교사의 입장에서 접근하도록 하여 보다 쉽게 그 내용을 파악할 수 있도록 했다.

둘째, 프로젝트 교육의 진행과정에 따른 활동자료를 예로 제시하여 현장적용이 용이하도록 했다. 제시된 프로젝트 교육의 실제 예는 그 과정을 쉽게 이해하는데 크게 참고가 될 것이며, 앞으로 자신감을 가지고 교사 나름대로의 창의적인 프로젝트를 실행하는데 도움을 줄 것이다.

이와 같이 이 책은 그 내용을 되도록이면 쉽게 우리 교사들에게 전달하여 현장적용에 도움을 주고자 노력했다. 그러나 부족한 점들도 많을 것이다. 보완할 수 있도록 많은 조언을 바란다.

이 책이 나오기까지 도움을 준 분들께 감사의 마음을 전하고 싶다. 구립 해바라기 어린이집 한진숙 원장님과 선생님들, 우리 사랑스런 뭉게구름반 친구들과 학부모님들……. 이 모든 분들이 함께 이 책을 만들어낸 것이라 믿는다. 또한 이 책의 출판을 맡아 준 동문사에도 감사드린다.

2007년 5월
저자 드림

차 례

Part 01 프로젝트 접근법의 이해

프로젝트 접근법이 우리나라 유아교육계에 도입되기 시작한 시기는 1990년대 중반 이후이다. 그동안 이 접근법은 수많은 유아교육기관에 도입되어 현재 그 적용의 범위는 우리나라 전체 유아교육기관의 70%를 차지하기에 이르렀다.

최근 프로젝트 접근법에 대한 우리 현장적용 연구결과에 따르면, 프로젝트 활동이 유아교육의 질을 높이는데 기여해왔던 것으로 평가되고 있다. 즉 유아의 창의적 사고력, 탐구력과 문제해결력, 표현력, 사회성 등의 발달에 긍정적인 효과를 보이고 있다.

제1부에서는 프로젝트 접근법에 대한 전반적인 이해를 위해 그 역사적 배경과 뒷받침하는 이론들, 프로젝트 접근법의 성격 등을 살펴보기로 한다.

01 Chapter

프로젝트 접근법의 역사적 배경

프로젝트 접근법의 첫 배경으로는 1830년대 Cobbet에 의한 교육방법으로 거슬러 올라간다. Cobbet은 그 당시 학생들이 학교에서 실생활과는 무관한 주입식 교육을 받는다는데 불만을 품고 자신의 가정에서 실생활에 필요한 활동을 통한 교육방법을 시도하였는데, 그것이 오늘날의 프로젝트 학습방법과 유사하였다고 한다(Stewart, 1986).

프로젝트 접근법을 수업의 중심 활동으로 시도했던 대표적인 인물로는 Parker와 Dewey를 들 수 있다. 1875년 Parker는 교사 본위의 기계적 수업방법을 비판하고 Pestalozzi와 Fröebel이 제안한 바 있는 '자연에 따른 학습방법'을 주장하였다. 이때부터 지리 교과인 경우 교과서를 읽고 쓰는 대신 학교주변을 직접 견학하면서 주변의 지형을 스케치하거나 지형의 모형을 직접 만들어 보는 등을 시도했다. Dewey도 1886년 자신의 실험학교에서 교사에 의한 피동적 교육이 아닌, 활동을 통한 학습을 실현하고자 하였다. 그의 실험학교 교육과정은 기존 학교와 같은 전통적 교과목에 의한 것이 아니라 프로젝트 형식을 취하는 일련의 워크숍과 유사한 것이었다(Tanner & Tanner, 1980).

프로젝트 접근법에 대한 구체적인 체계화는 Kilpatrick(1919)이 Dewey의 이론에 바탕을 두고 『프로젝트법(*The Project Method; the use of the purposeful act in the educative process*)』을 저술하면서 이루어졌다. 여기서 그는 프로젝트를 '전심을 다하는 유목적적 활동'이라고 정의하였고, 목적달성을 위해 학습자들이 프로젝트 진행과정에 능동적으로 참여함으로써 학습자 스스로가 주체적인 역할을 수행하고 스스로 내적 동기화되어 활동에 전념하게 된다고 강조하였다.

Kilpatrick이 프로젝트법을 발표한 후, 이를 실제에 적용하고 그 효과를 검증하는 많은 연구들이 수행되었는데, 그 대표적 연구로 Collings(1923)의 연구를 들 수 있다. 그는 4년간의 연구를 수행한 결과 프로젝트 교육과정을 통해 학습한 아동들이 전통적인 교과 위주로 구성된 교육과정에 의해 학습한 아동들보다 전국 단위의 학업성취도 검사에서 더 높은 점수를 얻었을 뿐 아니라, 아동과 부모 모두 학교에 대한 긍정적인 태도를 형성하는 데에도 더 효과적이었다고 보고한 바 있다. Rawciffe(1927) 또한 그 당시 프로젝트를 하고 있는 생동적인 교실상황을 상세히 묘사하면서 1920년대에 들어와 미국에서 프로젝트법에 의한 학습활동과 이에 대한 관심이 크게 증가하고 있다고 보고하였다.

그러나 1920~30년대 미국의 진보주의 교육운동은 1957년 구소련의 스푸트닉 인공위성 발사 이후 학문중심 교육과정이 대두되면서 쇠퇴하게 되었고, 프로젝트법 역시 관심 밖으로 밀려나기 시작하였다. 하지만 1960년대 말 미국에서는 지나치게 정형화된 그 당시 교육과정에 대한 비판과 교육의 비인간화 현상을 우려하는 소리가 높아지면서 새로운 대안으로 자유학교운동(free school movement)이 등장하였다(은용기, 길형석, 1992). 그리고 1970년대에 들어와 인간중심 교육, 예컨대 인성계발, 지적 교육과 정의적 교육이 균형을 이루는 교육 등의 교육운동이 전개되면서 프로젝트 학습활동에 대한 관심도 다시 살아나게 되었다(김재복, 1987). 특히 유아교육 분야에서는 프로젝트의 아이디어를 교육에 적용시키려는 노력이 꾸준히 진행되어 왔다. 그 구체적인 예로, 뱅크 스트리트 대학(Bank Street College)의 '뱅크 스티리트 접근법(Bank Street Approach)'을 들 수 있으며, 이는 프로젝트법과 매우 유사한 특성을 지니고 있다(Katz & Chard, 1989).

Katz와 Chard(1989)는 지난 20년 간 이루어진 프로젝트 활동 관련 연구들을 검토한 결과 프로젝트에 의한 학습활동이 유아의 학문적, 인지적, 정서적 발달에 매우 바람직한 영향을 미친다는 점을 확인할 수 있었다고 주장하면서 종전의 프로젝트에 의한 학습방법을 '프로젝트 접근법(Project Approach)'이라는 용어로 재조직하여 발표하였다.

우리나라는 지난 1990년대 중반 이후 프로젝트 접근법이 도입되기 시작하여 현재 70%의 유아교육기관에서 적용되고 있다. 프로젝트 접근법을 우리 유아교육현장에 적용한 연구를 보면 유아 학습준비도, 사회 및 정서발달 등에 증진을 가져왔고(지옥정, 1996), 유아들의 탐구력과 문제해결력, 표현력, 창의력, 또래 유아들과의 상호작용을 통한 협동적 태도를 길러줄 수 있는 효과적인 방법이라고 강조하고 있다(안소영, 1998). 또한 유아들이 한 주제에 대해서 여러 가지 방법으로 탐구할 수 있는 능력, 사회성 발달, 통솔력을 기른다고 주장하고 있다(정선영, 2004).

이상과 같이 프로젝트 접근법은 Dewey의 이론을 근거로 해서 Kilpatrick가 체계화한 '프로젝트법'을 Katz와 Chard가 오늘날 교육의 현실에 맞게 재조직한 교육방법이며, 이 접근법의 현장적용은 국내외 연구물에 따르면 유아발달에 매우 긍정적인 영향을 주는 것으로 보고되고 있다.

02 Chapter

프로젝트 접근법을 뒷받침하는 이론들

Dewey의 경험주의는 프로젝트 접근법을 뒷받침하는 가장 핵심적인 이론이다. 그밖에 Vygotsky이론, 정보처리이론, Gardner이론 등도 오늘날 유아교육현장에서의 프로젝트 접근법 적용에 그 바탕이 되고 있다. 이들 이론들을 중심으로 간단히 살펴보도록 하자.

1) Dewey의 경험주의

Dewey에 의하면, 이상적인 성장을 가져오는 교육이란 경험을 끊임없이 재조직 또는 재구성하여 개인으로 하여금 장차 보다 깊고 폭넓은 질의 경험을 준비하도록 하는 것이다(Dewey, 1938). 만약 유아기에 특정한 방향의 기계적인 기능을 강조하는 경험, 예컨대 초등학교 진학 준비를 위해 특정 교과의 단편적인 지식이나 기술 그 자체의 학습만을 한다면, 이는 판에 박힌 생활을 하게 해서 이후의 경험영역을 좁히게 한다. 또한 서로 연관되지 않은 개별적인 경험은 그 자체로서는 매우 흥미 있는 것들일 수 있으나, 다른 경험과 연관됨이 없이 격리되어 다루어지기 때문에 그 후의 교육적 상황과 실제 삶의 여건 하에서는 유용한 것이 되지 못한다(이명조, 2005, 재인용).

따라서 유아가 체험하게 되는 경험은 일상생활 경험이어야 하고 이들 경험을 재구성하고 그 경험들 간의 관련과 연속성을 이루어지도록 하는 과정을 통해 유아는 진정한 교육적 경험을 하도록 해야 한다. 이는 장차 경험의 내용과 방향을 결정짓도록 해서 관련된 경험을 더하고자 하는 호기심과 탐구심을 증대시키게 된다.

Dewey는 유아들에게 실생활과 밀접하게 관련된 경험을 체험하도록 하기 위해 놀이의 제공을 강조하였다. 그는 놀이란 유아의 자연성의 발로이며 유아의 활동을 보다 높은 수준으로 자극하는 것으로 보았다. 조사, 탐색, 수집 등을 할 수 있는 일상생활놀이, 유아들의 의식과 능력을 보다 높은 수준으로 향상시켜 주는 자발적인 상상놀이(imaginative play)를 강조하였다(1938).

Dewey의 경험주의는 프로젝트 접근법에 다음과 같은 시사를 하고 있다.

- 유아의 일상적 생활경험을 재구성하고 그 경험들 간의 관련과 연속성을 이루어지도록 하는 과정을 통해 그들의 호기심과 탐구심을 증대시키도록 한다.
- 놀이를 통해 조사, 탐색, 수집 등을 할 수 있는 생활경험을 유아에게 제시해 주어야 한다.

2) Vygotsky의 사회 · 문화이론

Vygotsky에 따르면, 유아는 능동적으로 지식을 구성해 나갈 수 있다고 보았고, 이러한 유아가 다른 사람과 협력할 수 있는 발달수준에 있다면 전문가나 좀더 나은 능력의 또래에게 도움을 받아 발달적 변화를 이룰 수 있다고 보았다. 유아의 발달적 변화를 가져오기 위해서는 인간의 언어가 가장 중요한 역할을 한다고 Vygotsky는 믿었다. 언어를 매개로 한 상호작용을 통해 지식을 교환하고 새로운 생각을 만들어 다른 사람과 나누게 된다는 것이다. 따라서 Vygotsky의 이론은 유아의 발달에서 언어란 언어발달로서만 중요하지 않고 유아의 정신능력의 발달에 중요한 매개체임을 보여 주었다(이명조, 2005, 재인용).

그리고 Vygotsky는 유아들이 일상생활에서 스스로 터득한 자발적 개념, 즉 실생활 개념을 과학적 개념과 대비시키며 연결지을 수 있도록 교사가 도와주어야 한다고 주장하였다(Crain, 1992).

Vygotsky의 사회・문화이론은 프로젝트 접근법에 다음과 같은 시사를 하고 있다.

- 유아는 교사의 도움과 또래끼리의 협동으로 발달적 변화를 이룰 수 있다.
- 유아는 주변 사람들과의 사회적, 언어적 상호작용을 통해 발달하게 된다.
- 교사의 역할은 유아들의 실생활 개념을 과학적 개념과 연결지을 수 있도록 도와주어야 한다.

3) 정보처리이론

정보처리이론은 인간의 두뇌에서 일어나는 가정을 컴퓨터와 비교하여 인간이 지각하는 정보를 어떻게 처리하는가를 설명해주고 있다. 즉 유아가 환경으로부터 정보를 어떻게 받아들여 이미 기억

속에 저장되어 있는 기존의 정보와 비교·검토하여 문제를 해결하는가를 컴퓨터의 투입, 과정, 산출의 모형 분석에 비추어 설명해 준다.

정보처리의 과정은 사람에게 정보의 자료로 자극이 주어졌을 때 인간은 먼저 주의를 집중하고, 지각한 뒤, 기억을 하다가, 사고하여, 상황에 대한 문제해결을 하는 것이다. 여기서 첫 번째 과정인 주의란 환경으로부터 온 자극이나 주변의 사건에 대한 집중을 뜻한다. 유아는 연령에 따라 주의집중력에 상당한 변화를 보일 뿐 아니라 관심의 정도에 따라 선택적 집중을 하게 된다. 둘째, 지각이란 감각기관으로부터 얻어지는 정보나 이에 관한 해석으로 볼 수 있다. 셋째, 기억은 받아들인 정보의 저장창고로서 단기기억과 장기기억으로 나눌 수 있다. 단기기억은 유아가 노력하면 장기기억으로 저장된다. 넷째, 사고과정이다. 유아가 사고를 해나가는 과정에서 과거의 경험이나 기억을 끄집어내어 여러 가지 문제해결 방법을 고안해 낸다(이명조, 2005, 재인용).

정보처리이론은 프로젝트 접근법에 다음과 같은 시사를 하고 있다.

- 유아들은 실제로 조작·탐구할 수 있는 구체물을 가지고 학습할 때 주의를 더욱 집중할 수 있고 생생하게 지각할 수 있다.
- 정보처리의 과정에서 일어나는 단기기억과 장기기억의 상호작용에서 정보가 친숙한 내용이거나 또는 저장된 정보와 유사한 내용일 때 유아가 장기기억으로 쉽고 빠르게 저장한다.
- 유아에게 과거의 경험이나 기억을 끄집어내어 사고할 수 있는 기회를 주어 문제해결의 방법을 찾도록 한다.

4) Gardner의 다중지능이론

Gardner(1993)는 인간에게는 여러 가지 다양하고 특수한 형태의 지능들이 존재한다는 다중지능(Multiple Intelligence)이론을 제시하였다. Gardner는 이와 같이 서로 다른 특성을 갖는 다중지능을 7가지－언어지능, 논리수학지능, 공간지능, 음악지능, 신체운동지능, 대인관계지능, 내성지능－로 분류하고 있다.

다중지능이론에 따르면 사람은 각자 다른 지능의 조합을 가지고 있기 때문에, 교육은 학습자 개개인이 가지고 있는 지능의 프로파일을 밝혀서 지능의 강점을 활용하고 약점은 보완하는 학습 방법과 전략에 따라 이루어져야 한다고 본다(Chen, Krechevsky & Isberg, 1998).

Gardner의 다중지능이론은 프로젝트 접근법에 다음과 같은 시사를 하고 있다.

- 각 유아들이 지니고 있는 다양한 지능들을 각 흥미영역에서 발휘하게 함으로써 유아 모두에게 의미 있는 활동이 되도록 한다.
- 유아들끼리 공동으로 하는 협동작업이나 그 작업 결과를 평가하는 과정을 통해 능력이 다른 또래 유아들로부터 새로운 것을 배울 수 있는 기회를 갖도록 한다.

03 Chapter

프로젝트 접근법의 성격

프로젝트 접근법(Project Approach)에서 '프로젝트란 한 명 또는 그 이상의 유아가 이행하는 특정 주제에 대한 깊이 있는 탐구(A project is in-depth study of a particular topic that one or more children undertake.)'(Katz & Chard, 1989)로 정의된다. 따라서 이 접근법에서 유아들은 개별적으로, 혹은 소집단으로, 또는 학급 전체가 교사의 지도 하에 하나의 주제에 대해 여러 주 동안 흥미가 충족될 때까지 정신을 몰입시켜 철저하게 탐구하면서 심화학습해 나가게 된다.

1 프로젝트 접근법의 목적

프로젝트 접근법의 궁극적 목적은 '아동의 정신(mind)계발'에 있다. 여기서 정신이란 지식, 기능뿐만 아니라 정서적, 도덕적, 심미적인 감수성까지 포함하는 개념이다(Katz & Chard, 1989). 프로젝트 접근법의 목적을 좀더 구체적으로 열거하면 다음과 같다.

① 교육을 실생활과 연결시켜 유아의 실제 삶에 대한 이해를 증진시킨다.

② 제기되는 문제를 유아 스스로 창의적으로 해결해 나가는 기본능력을 기른다.

③ 새로운 지식을 획득해 나가는 과정에서 유아의 학습에 대한 즐거움, 성취감, 자아존중감, 자신감 등을 기른다.

④ 유아의 타인과의 상호작용 능력, 공동체 의식, 협동심 등을 발달시킨다.

그밖에 교사에 대해서도 프로젝트 접근법이 지니는 중요한 목적이 있다.

⑤ 교사로서의 도전의식과 자긍심을 가지고 자신의 역할을 수행하도록 한다.

2 프로젝트 접근법의 특성

프로젝트 접근법을 유아교육계에 소개한 Katz와 Chard(1989)가 제시한 프로젝트 접근법의 특성을 중심으로 재정리하면 아래와 같다.

1) 교육 측면

(1) 프로젝트 접근법은 교육방법론적 이론이다.

프로젝트 접근법은 활동내용 선정방법과 더불어 교수－학습방법을 함께 제시하는 교육방법론적 이론이다. 이 접근법에서는 유아가 중심이 되어 능동적으로 활동에 참여하도록 하는 유아 주도의 방법론적 측면을 강조한다. 단지 교사는 교육활동 과정(준비, 시작, 전개, 마무리 등의 단계)을 거치면서 유아를 도와주고 안내해주어 유아가 자기수업의 중심에 서도록 해 주어야 한다.

(2) 프로젝트 접근법에서의 교육경험은 곧 유아의 실제생활이다.

프로젝트 접근법에서는 교육경험이 유아의 생활과 분리되는 것이 아니라 실제적인 삶이 되도록 한다. 즉 프로젝트 접근법에서 다루게 되는 경험의 내용은 언어, 수, 과학 등의 교과처럼 분리하여 제시되어 유아를 특정 교과영역에 묶어두기 보다는 유아 주변의 실생활에서 흔히 만날 수 있는 주제를 중심으로 다루어진다. 연령이 어릴수록 실생활과 더 밀접한 주제가 어린 유아의 관심과 흥미를 불러일으킨다.

(3) 프로젝트 접근법은 지역사회를 활용한다.

프로젝트 접근법은 현장을 견학하고 전문가와 면담하는 특징적인 면이 있다. 유아들이 직접적인 경험을 하게 되는 현장견학은 프로젝트 활동을 보다 활성화시킬 수 있고, 전문가와의 면담은 유아가 알고 싶은 궁금한 점을 현장의 전문가를 통해 해결할 수 있는 장점이 있다.

(4) 기존의 교육과정과의 조화를 이루도록 한다.

프로젝트 접근법은 기존의 유아교육방법을 전적으로 대체하는 것이 아니라 놀이중심 또는 교사중심의 교육방법에서 부족했던 점을 보완하거나 절충하는 방법이다. 따라서 현 수업방식에 이 접근법을 도입한다고 해서 혼란을 야기하지 않는다.

2) 유아 측면

(1) 유아의 인격적 통합을 강조한다.

프로젝트 접근법에서는 지식(knowledge), 기능(skill), 성향(disposition), 감정(feeling)의 상호보완적이고 유기적인 관계를 통한 인격적 통합을 강조한다(Katz & Chard, 1989). 프로젝트 활동을 해 나가는 과정에서 유아는 직접적인 체험을 통한 경험지식, 자신의 생각을 말이나 글로 표현하는 표상지식을 얻게 된다. 그리고 타인과 적절한 관계 맺기, 문제해결능력, 의사소통능력 등과 같은 기능 또한 습득될 수 있다. 뿐만 아니라 이들 지식이나 기능보다 더 중요하다고 볼 수 있는 성향들, 즉 장차 학습욕구와 관련된 학습하고자 하는 성향, 유아 자신이 능력 있고 가치 있는 존재로 지각하는 성향 등은 프로젝트 접근법 적용과정에서 지식 및 기능과 통합되어 계발될 수 있어 인격적 통합이 가능하게 된다.

(2) 유아 개개인에게 학습내용이 유의미하여야 한다.

유아마다 발달수준, 환경에 따른 경험의 다양성, 지식의 정도, 학습 스타일 등에서 수많은 차이를 보인다. 프로젝트 접근법에서는 이러한 개인차를 고려하고 존중하여 유아 각자가 학습내용과 관련하여 역할을 맡도록 배려한다. 그리하여 개개 유아가 자신감을 가지고 활동에 적극적으로 참여하여 뜻있는 경험을 하도록 한다.

(3) 유아들은 학급의 한 공동체로서 경험한다.

프로젝트 활동은 유아들이 집단활동에 참여하여 협동할 수 있는 기회를 풍부하게 제공한다. 프로젝트 접근법의 전 과정을 통하여 유아 간의 적극적인 상호작용과 사고의 교류는 학습의 협조적인 공동체 관계를 형성하도록 한다.

3) 교사 측면

(1) 교사는 유아의 학습에 조정자, 촉진자, 안내자, 조력자이다.

유아들의 활동이 단순한 놀이에 머물지 않고 조직적이고도 지속적으로 운영되어 유아의 능력계발을 가능하도록 하기 위해서는 교사의 도움이 어느 정도 필요하다. 여기서 교사의 도움이란 교사의 일방적인 사전계획에 의하기 보다는 유아와 협의하여 상황에 따라 융통성을 가진 덜 구조적이며 비형식적이 되도록 하는 것을 말한다. 이러한 교사의 역할을 유아학습을 위한 조정자, 촉진자, 안내자, 조력자 등이라 일컬을 수 있을 것이다.

(2) 프로젝트 전 과정을 통해 교사와 유아가 함께 상호작용한다.

프로젝트를 진행하는 과정에서 교사－유아, 유아－유아 간의 적극적인 상호작용과 협력을 도모해야 한다. 이러한 방법은 기존의 단원중심의 방법의 결점인 교사 주도의 교육을 크게 보완하여 줄 수 있는 이점이 있다.

프로젝트 접근법과 레지오 에밀리아 접근법

최근 프로젝트 지향 교육과정(project oriented curriculum)이라 일컬어지는 레지오 에밀리아 접근법(Reggio Emilia Approach)에 대한 관심이 크다. 이는 프로젝트 학습활동에 대한 높은 관심을 반영하는 증거라 할 수 있다. 이탈리아 북부지역인 에밀리아 로마냐 지역에 위치한 레지오 에밀리아 시립유치원에서 약 40여 년 전(1963)부터 실시해 온 레지오 에밀리아 접근법은

1992년 12월 2일 뉴스위크지에 유아교육분야에서 '세계에서 가장 훌륭한 10개의 학교'로 선정된 바 있다.

레지오 에밀리아 접근법은 프로젝트 접근법을 기본으로 한 방법이다. 즉 두 접근법은 그 기본적인 성격이 프로젝트를 통한 학습활동을 강조한다는 점에서 공통적이다. 그러나 레지오 에밀리아 접근법은 한 가지 개념의 이해를 위해 다양한 매체를 활용하여 표상, 재표상해 나가는 '상징적 주기'를 활용한다는 점에서 프로젝트 접근법과 뚜렷한 차이점을 보인다(Edwards, Gandini, & Forman, 1993). 레지오 에밀리아 접근법과 프로젝트 접근법을 간단히 비교해 보면 다음과 같다(김혜민, 2004).

첫째, 레지오 에밀리아 접근법은 진보주의 학습원리, 사회·문화적 구성주의, 인지적 구성주의 등에 그 바탕을 두고 있다면, 프로젝트 접근법은 주로 진보주의적 개방교육에 기초한 통합적 교육활동을 강조하고 그밖에 Vygotsky이론, 정보처리이론, Gardner이론 등도 적용되고 있다.

둘째, 레지오 에밀리아 접근법은 주제에 대한 이해의 폭과 깊이를 심화시켜 나가기 위해 지식의 구조를 강조하여 탐색·재탐색하고, 구성·재구성해 나가는 재순환(recycling)방법에 초점을 두는 반면, 프로젝트 접근법에서는 다양한 관찰·조사·탐색활동에 초점을 둔다.

셋째, 레지오 에밀리아 접근법은 페다고지스타(pedagogista)*를 통한 시행정부와 직접적 연결, 부모 및 지역사회와의 긴밀한 협력관계 등을 강조하나, 프로젝트 접근법은 여건과 상황에 맞도록 현장학습을 가거나, 주민들 중의 전문가를 초청하는 등의 방법으로 바깥세계와 연결한다.

---

*페다고지스타(pedagogista: 교육조정자): 레지오 에밀리아 접근법에서 페다고지스타란 교육과정 및 활동을 조정하고 상담하는 일종의 장학사로 우리말로는 교육조정자라 일컬어진다. 페다고지스타는 4~5개의 영·유아교육/보육기관을 담당하여 스케줄 짜기, 임무배정, 작업시간 조정, 물리적 환경조성, 교사와 부모와의 상호작용 조성 등의 상담자, 자원인사, 조정자의 역할을 한다.

3 프로젝트 접근법에서 교사의 역할

앞서 언급되었지만 프로젝트 접근법에서 교사는 가르치는 사람이기보다는 학습에 대한 조정자, 촉진자, 안내자, 조력자로서의 역할을 담당해야 한다. 이러한 역할은 교사의 의도적이고 계획적인 지원이 있어야 함을 그 전제로 하지만 궁극적으로는 유아중심의 활동이 되어야 함을 뜻한다. 프로젝트 접근법에서의 교사역할은 어떠해야 하는지 그 구체적인 예를 들어 설명하면 다음과 같다.

① 유아들의 흥미를 유발시켜 능동적인 참여를 유도한다.

프로젝트 활동을 진행하는 과정에서 교사는 유아의 태도, 행동, 그리고 이야기 등에 기초하여 그들의 관심사를 이끌어 내거나 흥미를 유발시킬 수 있다. 예컨대, 유아가 소극적인 태도를 보이거나 자신감이 없거나 아이디어나 정보가 부족할 때 교사가 개입하여 그들의 이야기에 귀 기울이고 그들의 능력으로 할 수 있는 활동을 하도록 유도하여 프로젝트 활동에 관심을 갖게 할 수 있다. 교사야말로 유아를 보다 적극적으로 프로젝트에 참여하게 만들고 몰입하도록 한다.

예를 들어, '로봇' 프로젝트에서 '휴보와 아시모의 차이점'에 대해 조사하고 알아본 후 아이들 몇몇이 "우리 휴보 만들어 봤으면 좋겠다~." 하는 이야기가 있었고, 교사는 이러한 이야기에 기초하여 휴보에 대한 관심을 가지도록 했으며 추후활동으로 휴보 만들기를 진행하게 되었다(로봇 프로젝트 11, 98~99쪽 참조).

② 유아들의 토의활동을 계획한다.

유아들끼리 토의하는 활동은 유아들을 자율적인 학습자로 성장하도록 도울 뿐만 아니라 궁극적으로 지적 발달을 이루게 한다.

예를 들어, '나비' 프로젝트(나비 프로젝트 11, 57쪽 참조)에서 '밤에도 나비가 날아다녀요?'라는 질문 해결을 위해 교사는 아래와 같이 유아들이 토의할 수 있도록 유도하였다.

가영: 선생님~!! 저 어제 밤에 나비를 봤어요~.
교사: 밤에 나비를 봤구나…….
주연: 가영아~!! 밤에 나비 안날아 다녀!
진철: 맞어~!! 나비도 밤에는 자야지~!!
가영: 아니야~!! 나비였어~!!
교사: 주연이와 진철이는 가영이가 본 것이 나비가 아니라고 생각하는가 보구나.
주연: 예~!! 아마 나비 닮은 곤충일 거에요~.
가영: 어~~!! 날개도 있고 배추흰나비 같이 생겼었는데~.
재영: 어~!! 나도 밤에 엄마랑 신트리공원 갔다가 나비 봤었는데…….
교사: 밤에 나비가 날아다닌다고 생각하는 친구도 있고, 밤에 날아다니는 것은 나비가 아니라고 생각하는 친구도 있구나. 모둠별로 토의해서 발표해보면 어떻겠니?
혜연, 신환, 주연, 가영 등등 : 좋아요~!!

③ 유아들이 궁금해 하는 문제에 대해 스스로 답을 찾아내도록 돕는다.

교사는 유아가 제기하는 문제에 대해 즉각적으로 답을 주는 것이 아니라 그 문제에 대해 유아가 더욱 의문을 가져 호기심을 유발하도록 하고, 유아가 답을 예측해보도록 자극시키는 역할을 한다.

예를 들어, '나비' 프로젝트(나비 프로젝트 12, 58쪽 참조)에서 '나비는 남자·여자를 어떻게 구별할까요?'라는 질문에 대해 교사는 답을 알려주기보다는 "글쎄, 어떻게 구별할 수 있을까, 선생님도 무척 궁금하구나." 하고 다시 의문을 제기하고, 유아들로 하여금 답을 예측해보게 했다. 아이들은 그림을 통해 '남자 나비는 날개가 조금 구부러져 있고, 여자는 활짝 펴있을 것'이라고 예측한 친구들도 있고, 더듬이 모양이 다를 것이라고 예측한 친구들도 있었다.

④ 프로젝트 활동들이 유아의 전인발달(신체, 언어, 인지, 정서, 사회성 등의 발달)을 이루는데 기여하는지를 점검한다.

프로젝트 활동은 주제에 따라서, 혹은 유아들의 특징이나 교사의 성향에 따라서 특정영역의 활동으로만 치우치게 되는 경향이 있어 유아의 전인발달을 위한 균형잡힌 프로젝트로 전개되기 쉽지 않다. 이에 교사는 소홀히 다루었던 영역이 무엇인지 점검해서 이를 보완해야 한다.

예를 들어, '나비' 프로젝트(나비 프로젝트 11~14, 57~62쪽 참조)를 진행하면서 미술, 언어, 수·과학, 신체·음률, 극놀이 등 영역별 활동들을 골고루 다루어졌는지 점검해 보았다. 그동안 수·과학, 미술·언어, 신체활동은 다루어 보았으나 음률 활동이 없어 교사는 기존에 배웠던 '꿀벌의 여행'을 유아와 함께 개사해 노래불러 보았다.

⑤ 다양한 활동방법을 제안하고 격려한다.

유아들의 이해를 풍부하게 해서 잘못된 개념을 수정해 나가거나 사고의 확장을 도모하기 위해서는 활동의 방법을 다양화하도록 교사가 개입해야 한다.

예를 들어, '나비' 프로젝트(나비 프로젝트 13, 59~60쪽 참조)

에서 '나비는 어떻게 알에서 나비가 되나요?'라는 질문에 대해 가정에서 조사해 온 자료를 가지고 발표하도록 하자, 유아들은 '아~!! 그렇구나……' 하며 고개를 끄덕이며 이해를 했다. 그러나 교사는 유아의 발표에 머무르지 않고 다시 발표된 내용을 정리하여 들려주고, 또 다시 나비가 성장하는 과정을 책으로 만들어 표현하자고 제안하였다. 그리하여 『나비의 성장과정』이라는 책을 만들게 되었으며 언어영역에 전시하여 많은 유아가 보도록 격려했다.

⑥ 프로젝트 활동이 비현실적일 때 교사가 개입하여 실현될 수 있는 방안을 제시한다.

교사가 실현 가능한 방안을 제시함으로써 실패에 대한 유아의 실망감을 최소화시키고 활동의 완성도를 높인다.

예를 들어, '로봇' 프로젝트(로봇 프로젝트 11~12, 98~100쪽 참조)에서 '휴보와 아시모'의 차이점을 알아보고 난 후 추후활동으로 휴보를 만들기로 하여 그 재료를 선정하기 위한 토의가 있었다. 다음은 교사가 개입하여 현실적인 방안을 제안하고 있는 대화이다.

교: 휴보를 어떻게 만들면 좋겠니?
유1: 똑같은 키랑 모양으로 해요.
유2: 그래요~!! 철로 만들어요. 로봇은 원래 딱딱해야 해.
유1: 플라스틱도 딱딱해.
유3: 유리도 딱딱한데…….
교: 그래, 휴보는 로봇이니깐 딱딱한 재료로 만들면 좋겠구나. 하지만, 유리는 깨지면 위험할 것 같구나. 철이나 플라스틱은 서로 붙일 때 어려울 것 같고, 너희가 가져온 두꺼운 상자들을 이용해 보면 어떻겠니?
유2: 좋아요!! 상자는 테이프도 잘 붙어요.
유1: 풀도 잘 붙을 거야~!!

⑦ 유아들의 활동과정에서 나온 결과물들을 전시하여 유아와 부모들을 안내한다.

프로젝트 활동에서 나온 여러 결과물들을 수시로 게시판에 전시하여 준다. 이는 서로 다른 유아들의 작품들을 보면서 유아 자신의 것을 다시 생각해 보고 스스로 평가하는 기회를 가지도록 한다. 학부모들도 등·하원시 아이의 작품을 보면서 자녀의 성장과정을 알게 되고, 프로젝트의 진행과정 또한 관심을 갖게 되어 자녀를 위해 필요한 자원을 협조하려 할 것이다.

4 프로젝트 접근법의 활동과정 특성

Katz와 Chard(1989)는 프로젝트 접근법의 활동과정에서 보여주는 주된 특성들, 즉 토의활동, 현장활동, 조사활동, 표현활동, 전시활동 등을 아래와 같이 제시하였다.

1) 토의활동

프로젝트 접근법에서는 주제선정을 시작으로 해서 진행 전 단계에 걸쳐 토의활동이 필수적으로 요구된다. 제기된 문제에 대해 해결책 모색하기, 아이디어 내기, 각자 수행하고 있는 활동에 대한 의견 교환하기 등을 전개하면서 가지게 되는 토의활동은 유아로 하여금 타인의 생각을 공유하는데 도움을 주고 점차 자율적인 학습자로 성장하도록 하는데 크게 공헌한다. 특히 어린 유아의 경우에는 몇몇 소규모로 모여 교사와 이야기를 나누는 소집단 토의가 바람직하다. 어린 유아들은 소집단일 때 잘 참여하고 교사도 유아의 생각을 이끌어 주기 쉽다. 프로젝트 진행단계별 토의활동의 예는 다음과 같다.

- 주제에 대한 이전 경험과 현재의 지식을 상호 공유한다. (시작단계)
- 현장견학 후에 흥미로웠던 점, 배운 것, 문제점 등을 모둠별로 토의 · 발표한다. (전개단계)
- 프로젝트 활동 전반을 검토하고 평가한다. (마무리단계)

2) 현장활동

현장활동은 교실 안에서 학습한 것을 교실 바깥의 세계와 연결할 수 있도록 한다. 직접적인 경험을 통한 현장활동은 교실 내에서의 정보를 정확하게 그리고 풍부하게 이해하도록 하는데 도움을 준다. 뿐만 아니라 유아의 호기심과 흥미를 유발하는데도 크게 기여한다. 예컨대, 유아교육기관의 바깥놀이터나 마당에서, 가정에서, 가까운 이웃에서, 지역사회 공공기관에서, 박물관에서 유아들은 다양한 활동을 할 수 있으며, 이를 통해 지식을 쌓고 확장시킬 수 있게 된다. 프로젝트 진행단계별 현장활동의 예는 다음과 같다.

- 주제와 관련된 경험에 대해 부모와 함께 이야기를 나누고 협조를 구한다. (준비 및 시작단계)
- 현장견학을 나간다. 교실이나 현장에서 전문가와 면담한다. (전개단계)
- 외부 사람들을 초청해서 프로젝트 결과물을 공유하고 평가받는다. (마무리단계)

3) 조사활동

유아들은 프로젝트 주제와 관련된 개인적 경험을 검토·정리하고 다른 유아들의 것들과 차이점을 논의하면서 앞으로 조사해야 할 질문사항들을 작성한다. 작성된 질문에 답하기 위해 다양한 자원을 활용해서 조사활동을 한다. 부모나 전문가와의 면담하기, 어떤 대상에 대해 관찰하기, 도서관에서 자료 찾아보기, 책 읽기 등을 통해 질문에 대한 답을 찾는다. 프로젝트 진행단계별 조사활동의 예는 다음과 같다.

- 프로젝트 시작 당시 이전 경험이나 지식에 기초하여 제기된 질문에 대해 탐색을 시작할 수 있다. (시작단계)
- 프로젝트 시작단계에서 작성된 질문거리에 대해 그 해결책을 강구하기 위한 활동, 즉 전문가 면담, 도서, 인터넷 등을 통해 조사활동을 하게 된다. (전개단계)
- 시작단계나 전개단계에서 제기된 질문거리에 대해 고찰한다. (마무리단계)

4) 표현활동

유아들은 프로젝트 주제와 관련된 개인적 경험을 다른 유아들의 것들과 공유하는 활동을 하고, 또한 자신의 현장활동 경험의 결과를 해석, 정리 및 표현하게 된다. 이 때 사용될 수 있는 표현기법은 그림그리기, 글쓰기, 수학기호 사용하기, 극화놀이 등 다양하다. 프로젝트 진행단계별 표현활동의 예는 다음과 같다.

- 주제와 관련된 이전 경험과 현재 지식을 교사나 친구들과 상호 공유하기 위하여 그리기, 쓰기, 구성하기, 극화놀이 등의 활동을 한다. (시작단계)

- 현장활동을 하면서 간단하게 현장을 스케치하거나 노트한다. 학습한 것을 미술, 언어, 수·과학, 신체·음률, 극놀이 등의 영역에서 표현활동을 한다. 예컨대 그리기, 쓰기, 수 다이어그램, 지도작성하기, 남과 다른 재미나는 팔다리 움직이기, 연극꾸미기 등을 한다. (전개단계)
- 프로젝트 전체 활동과정을 요약·정리해서 설명한다. (마무리단계)

5) 전시활동

프로젝트 전 과정을 통해 유아들이 수행한 개별 활동이나 소집단 활동의 결과물들을 벽면이나 게시판에 전시한다. 이는 서로 간에 아이디어나 정보를 공유할 수 있는 유용한 자원이 될 수 있고, 외부 손님들과도 프로젝트 활동에 대해 상호 이야기를 나눌 수 있는 기회를 가지게 된다. 프로젝트 진행단계별 전시활동의 예는 다음과 같다.

- 주제에 대해 개인적으로 표현한 것을 함께 보며 생각이나 지식을 상호 공유한다. (시작단계)
- 개인별 혹은 모둠별로 프로젝트 활동을 전시하고 이에 대해 상호 공유한다. (전개단계)
- 프로젝트 전 과정을 통해 이루어진 결과물을 선별·전시한다. (마무리단계)

Part 02 프로젝트 접근법의 현장적용

앞의 제1부에서는 프로젝트 접근법에 대한 전반적인 이해를 위해 그 역사적인 배경, 뒷받침하는 이론들, 프로젝트 접근법의 성격 등을 고찰해 보았다. 제2부에서는 프로젝트 접근법의 실제 교실적용을 위해 '나비' 프로젝트라는 예를 가지고 그 진행과정을 다루어 볼 것이다. 또한 '로봇' 프로젝트를 실시하면서 그 적용과정에서 발생한 에피소드와 문제점도 함께 다루어 볼 것이다. 그리하여 이 접근법을 교육현장에서 시도해보려는 교사들에게 프로젝트 접근법의 활동진행 전체 맥락을 짚는데 많은 도움을 주는 것은 물론이고, 앞으로 자신감을 가지고 교사 나름대로의 창의적인 프로젝트를 실행하는 데 기여하리라 본다.

04 Chapter

현장적용①: '나비' 프로젝트

프로젝트 접근법의 실제진행은 아동의 흥미, 교사의 지원 및 안내 등에 따라 역동적인 양상을 띠게 되므로 정해진 활동이 정해진 시간에 이루어지는 것이 아니다. 그렇다고 해서 활동이 전혀 비구조적인 절차를 따르는 것도 아니다. 프로젝트 각 단계의 특성에 따라 앞서 언급된 4가지 특징적인 활동들, 즉 토의활동, 현장활동, 조사활동, 표현활동, 전시활동들을 중심으로 해서 진행된다. 여기서는 프로젝트 접근법의 진행의 실제 활동을 '나비' 프로젝트라는 구체적인 예를 가지고 설명하고자 한다. 아래 <표 4-1>의 프로젝트 접근법 진행단계는 하순련과 오영희(2001)의 단계가 참고되었고, ①~⑮는 유아 중심의 활동에 대해 그 순서를 매겨 프로젝트 접근법의 실제진행이 용이하도록 했다.

〈표 4-1〉 프로젝트 접근법 진행단계 구성

프로젝트 접근법 진행단계	
준비단계	① 주제선정 · 예비 주제망 구성 · 자원목록 작성 및 필요한 자원 준비 · 환경구성 · 부모들에게 알리기
시작단계	② 경험나누기 ③ 생각모으기(Brainstorming) ④ 유목화 ⑤ 주제망 구성 ⑥ 질문목록 작성 ⑦ 흥미유발 활동
전개단계	⑧ 문제해결의 모색 ⑨ 추후활동 ⑩ 현장견학
마무리단계	⑪ 마무리 행사준비 ⑫ 마무리 행사(발표회, 전시회 등) ⑬ 마무리 행사 이후
평 가	⑭ 교사의 프로젝트 수행능력에 대한 평가 ⑮ 유아의 프로젝트 수행능력에 대한 평가

1 준비단계

준비단계는 프로젝트 주제를 선정하는 일과 선정된 주제와 관련해서 필요한 자원을 교사가 준비하는 일이 포함된다. 유아는 이 단계에서 주제선정 이외의 활동에 직접적으로 참여하지는 않지만 다음의 시작단계 활동을 위해 워밍업을 하게 된다. 준비단계에서 이루어져야 할 첫 작업인 주제선정 과정부터 살펴보면 다음과 같다.

(1) 주제선정

프로젝트 활동을 위해 가장 우선적으로 고려해야 하는 것은 적합한 주제를 선정하는 일이다. 주제에 따라 프로젝트가 활성화되지 않을 염려도 있기 때문이다. 유아의 흥미, 이전 경험과 현재 지식, 자원, 실생활에서 교육적 가치 등이 주제선정과 관련해서 고려되어야 하며, 무엇보다 주제에 대해 유아가 동기화되어 있어야 한다. 이들 고려사항들을 전제로 하면서, 주제선정을 위한 다양한 방법을 제시해 보면 다음과 같다(지옥정, 2006).

- 교사가 선정하는 경우
- 유아들이 먼저 여러 가지 주제를 뽑은 후 최종적으로 교사와 유아가 협의하여 선정하는 경우
- 생활주제의 하위주제들 중 유아가 흥미 있어 하는 주제를 선정하는 경우
- 유아들의 과거 경험에 기초해 도출하는 경우
- 유아들의 일상생활 장면이나 문제상황에서 도출하는 경우
- 유아들이 관심 있어 하는 책 내용을 프로젝트 주제로 하는 경우

다음 <나비 프로젝트 1>은 유아의 일상생활 장면에서 주제를 도출한 에피소드이다.

나비 프로젝트 1

▸주제선정 - 유아의 일상생활의 장면에서 주제를 도출한 경우

따뜻한 날씨여서 바깥놀이를 하는 중 개미, 진드기, 나비 등의 곤충에 관심을 가지게 되었다. 아이들이 나비를 잡으려고 "와~ 나비다~!!" 하면서 이리저리 뛰어다니

면서 즐거워했고, 나비에 대한 이야기를 주고받았다. 이러한 유아의 나비에 대한 관심, 나비가 다른 곤충들에 비해 현장학습 장소 물색의 용이함 등을 고려해서 교사는 나비를 주제로 선정하였다.

이상의 프로젝트 주제가 일단 선정되면 교사는 예비 주제망을 구성하고, 자원목록 작성과 필요한 자원을 준비하고, 환경을 구성한다. 그리고 이러한 프로젝트 계획수행을 위한 협조문, 즉 프로젝트 교육계획안을 학부모에게 알리게 되면 준비단계는 끝나게 된다. 물론 이 단계에서 교사가 준비한 자원목록이나 환경구성은 실제로 프로젝트가 시작되어 마무리단계까지 이르게 되면 달라질 수 있다. 그동안 새로운 자원이 추가·변경되어 그 자원명이 목록에 기록되기 때문이다.

① 예비 주제망 구성

주제가 선정되면 교사는 우선 교사 자신의 상상망(mind-map), 즉 예비 주제망을 구성하는 것이 중요하다. 교사는 주제에 대한 자신의 생각과 아이디어를 정리하면서 주제와 관련된 주요 개념을 떠올리고, 앞으로 다루어야 할 학습 내용이나 전개되어 갈 활동 등을 예상하면서 상상망을 구성하게 된다. 그런데 이 과정은 각 학급을 맡은 교사가 혼자서 하는 것보다 교사회의를 통해 교사들이 함께 협의하는 것이 도움이 된다.

여러 가지 예비 주제망들을 <부록>에 제시해 놓았으니 참고하기 바란다.

② 자원목록 작성 및 필요한 자원 준비

주제가 선정되어 교사가 예비 주제망을 구성하게 되면 자원목록을 작성하면서 필요한 자원을 검토·준비하게 된다. 이를 위해 우선 교사는 주제에 관해 백과사전이나 인터넷 검색을 통해 중요한 정보들을 찾아낸다. 또한, 주제에 대해 경험이 많은 교사나 원장, 현장 전문가를 통해 관련 정보를 얻는다. 그리고 현장활동, 예컨대 현장견학을 가거나 지역사회 전문가를 방문 또는 초청해야 하는 경우도 예상해 본다.

자원목록을 작성할 때는 단순히 명칭만 기록하기보다 정확한 출처를 밝혀두는 것이 유용하다. 책인 경우 책의 종류, 저자, 출판년도, 출판사 등을 기록해 두면 다음 해에 같은 주제로 프로젝트를 한다면 활용 가치가 높을 것이다. 아래 <표 4-2> '나비' 프로젝트 자원목록표는 지옥정(2006)이 참고되었다.

〈표 4-2〉 '나비' 프로젝트 자원목록표

구분	항목	자원
1차적 자원	실 물	다양한 나비 실물 나비 표본
	인적자원	곤충 사육사
	현장학습 장소	공원 산책 - 신트리 공원 세계 곤충체험학습 - 능동 어린이 대공원
2차적 자원	정보를 주는 책	우리 나비 - 김성수, 채우리, 2002 나비 박사 석주명의 과학나라 - 석주명, 현암사, 2000 나비에 사로잡히다 - 이창신 역, 북폴리오(대한교과서), 2005 봄·여름·가을·겨울 나비 일기 - 이연승 역, 진선출판사, 2000 생물의 한 살이 - 박정선 역, 중앙출판사, 2004
	동화책	나비 뚱비 - 국민서관 산 호랑나비 - 국민서관 나비가 된 배추벌레 - 국민서관 내가 누구게 - 보리 이것 좀 먹어 봐 - 보리 벌레들아 도와줘 -보리 야, 잘한다 - 보리
	사진 및 그림자료	여러 종류의 나비사진 자료

2차적 자원	녹음테이프	Butterfly Waltz - 클래식 음악테이프
	비디오	벅스라이프 곤충 과학비디오
	CD-ROM	세밀화로 그린 곤충도감(CD-ROM) (출판사 - 푸른 하늘을 여는 사람들)

③ 환경구성

준비된 여러 가지 자원을 흥미 영역별로 적절하게 구성하고 벽면이나 게시판에도 관련 사진이나 그림자료 등을 게시하여 유아의 관심을 불러일으키도록 한다. 물론 준비단계에서 교사가 구성한 기본적인 환경은 프로젝트가 시작·전개되어 유아나 부모의 참여가 점차로 확대되면서 변화하게 된다.

흥미영역별로 자원이 어떻게 배치되었는지를 보여주는 환경구성표를 준비단계부터 작성해서 교실 벽에 게시해 놓는 것도 바람직하다. 활동이 전개됨에 따라 어떤 자원이 추가로 보충되는지 그 파악이 용이하고 유아 또한 환경구성 자원에 관심을 가지게 된다.

나비 프로젝트 2 환경구성 - 벽면게시의 예

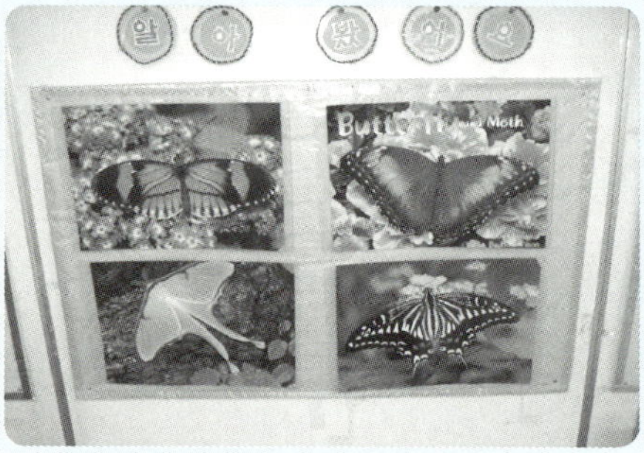

→여러 종류의 나비 사진들을 벽면에 게시해 주어서, 프로젝트 시작 전 나비에 관심을 갖고 바라볼 수 있도록 유도한다.

④ 부모에게 알리기

부모에게 프로젝트 교육의 목적과 선정된 주제, 프로젝트 진행 방향, 부모들의 협조가 필요한 자원 등을 알리기 위해 교육계획안을 가정통신문으로 보내고 교육기관의 게시판에도 게시한다. 교실 앞 게시판은 유아들의 등·하원을 위해 매일 부모들의 출입이 이루어지기 때문에 쉽게 알릴 수 있다. 다음 <나비 프로젝트 3>은 가정통신문으로 보내진 '나비' 프로젝트 교육계획안이다.

나비 프로젝트 3 교육계획안

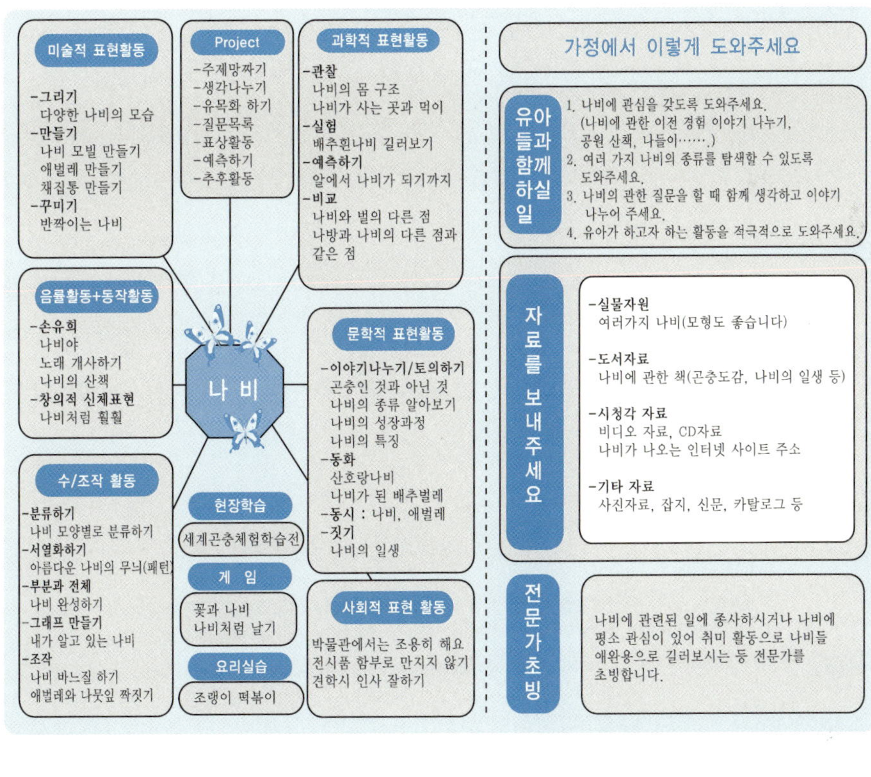

2 시작단계

프로젝트 준비단계에서 선정된 주제를 중심으로 교사의 준비가 이루어지게 되면(그동안 유아는 주제에 대해 워밍업을 하게 됨), 프로젝트는 시작단계에 들어가게 된다. 이 단계에서는 주제 관련 경험나누기, 생각모으기(브레인스토밍), 유목화, 주제망 구성, 질문목록 작성, 흥미유발 활동 등을 다루게 된다.

(1) 경험나누기

교사는 대집단 모임시간에 유아들에게 이전에 선정된 주제를 상기시키면서 주제와 관련된 이전 경험이나 현재 지식을 나누도록 한다. 이같은 활동을 촉진시키기 위해 교사가 먼저 자신의 경험을 유아들에게 이야기해 줄 수 있다. 교사의 이야기는 유아의 흥미를 불러일으키거나 유사한 경험을 한 아이들의 이야기로 연결될 수 있어 경험나누기 활동은 보다 활발히 진행될 수 있다.

주제와 관련된 유아들의 경험이나 지식은 이야기, 그림, 글, 만들기, 역할극 등을 통해 표현될 수 있으며, 이들 표현 결과물들은 유아들끼리 서로 공유되는 과정을 통해 또다른 경험나누기 활동을 활성화시키는 계기가 된다.

다음 <나비 프로젝트 4>는 나비와 관련된 경험을 서로 이야기 나눈 후 그 경험을 그림으로 표현한 장면이다.

나비 프로젝트 4 경험나누기

준비단계에서 선정된 나비 주제의 프로젝트, 즉 '나비' 프로젝트를 교사가 대집단활동 시간을 통해 그 시작을 알리면서 본격적으로 '나비' 프로젝트는 시작된다. 나비에 대한 경험나누기의 예는 다음과 같다.

교: '나비야~♫나비야~♪'(나비야 노래를 부르면서 나비 흉내를 낸다.)
유1: 아~!! 이제 우리 '나비' 프로젝트 할거죠?
교: 그렇단다. 너희 지난 번에 야외 놀이터에 갔을 때, 나비가 날아다니던 모습 기억나니? 선생님은 오늘 아침에 어린이집에 오는 길에 꽃 위에 노랑나비가 앉아 있는 것을 봤단다.
유2: 저는 집 앞에서도 나비 본 적 있어요~.
유3: 나는 날아다니는 나비 잡아본 적도 있어~!!
교: 그래? ○○친구는 나비도 만져 봤구나…….

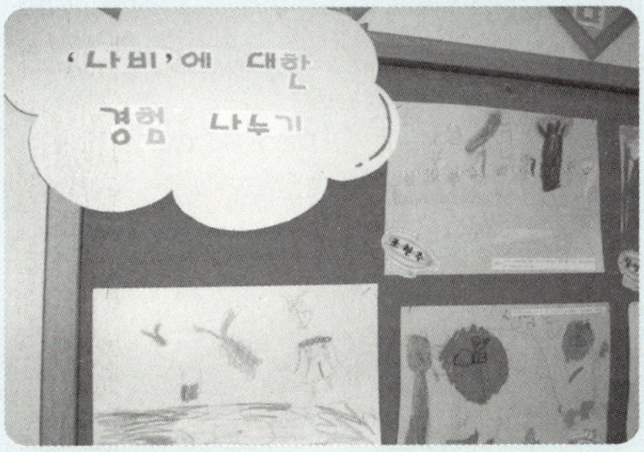

→경험을 발표해 본 후 색도화지를 나누어 주어, 발표했던 경험을 그림으로 표현해 보도록 한다. 그린 그림은 환경판에 게시해 주어 다른 친구들의 경험들도 함께 공유할 수 있도록 돕는다.

(2) 생각모으기(브레인스토밍)

교사는 먼저 브레인스토밍에 대해 '우리 모두의 생각을 모아 보는 것, 즉 생각모으기'라는 뜻을 지닌 말이라고 간단히 설명한다. 그리고 주제에 관하여 생각나는 것은 무엇이든지 그리거나 단어로 적어보도록 해서 개개 유아의 생각을 모아본다. 이러한 유아의 브레인스토밍을 위해 교사는 우선 유아의 생각을 자극할 수 있는 워밍업을 시도해 본다. 예컨대, 이전에 유아들끼리 나누었던 주제 관련 경험을 다시 생각해보게 하거나, 교사 자신의 주제와 관련하여 제일 먼저 생각나는 단어나 이야기를 들려주거나, 혹은 주제관련 동화책을 읽어줄 수 있다. 이 때 교사는 추상적인 생각보다는 구체적인 감각, 즉 시각, 촉각, 청각, 후각, 미각 등과 관련된 생각을 하도록 도와주는 것이 효율적이다.

브레인스토밍을 할 때에 글씨를 쓰지 못하는 유아의 경우는 그림으로 그릴 수도 있고 교사나 친구가 옆에서 적는 것을 도와 줄 수도 있다. 브레인스토밍이 끝나게 되면 이를 유목화한 후 주제망으로 구성하게 한다.

다음 <나비 프로젝트 5>는 유아들이 생각모으기를 하고 있는 에피소드이다.

나비 프로젝트 5 생각모으기(브레인스토밍)

'나비' 프로젝트가 시작되자, 한 유아가 집에서 보았던 『나비가 된 배추벌레』라는 동화책을 가져왔다. 동화책을 읽고 나서 '나비'에 대한 여러 가지 생각들을 모아봤다.

교: 애벌레가 친구들한테 놀림을 받을 때 느낌이 어땠을까?
유1: 속상했을 것 같아요.
유2: 집에서 숨어 있었어요.
교: 애벌레는 어디서 살았나요?
유3: 풀밭이요…….
교: 그럼, 풀밭 말고도 어디서 나비를 볼 수 있을까?
유4: 배추속…….
유5: 물가…….
교: 그래, 그럼 우리가 책에서 본 것들과 '나비' 하면 떠오르는 것, 그리고 알고 있는 것을 글로 쓰거나 그림으로 그려서 모아보도록 하자.

→대집단으로 모여서 상호작용이 끝나고, 모둠별로 '나비' 하면 떠오르는 것들을 적어서 모아보고 있다.

(3) 유목화

주제와 관련하여 생각나는 단어를 적거나 그림을 그리도록 하는 브레인스토밍이 끝나고 나면 단어와 그림들을 같은 범주에 속하는 것끼리 그룹을 지어 분류하게 되는데 이를 유목화라 한다. 유목화 과정이 용이하도록 교사는 그림이나 단어를 작은 종이에 하나씩 그리거나 적도록 해야 한다. 또 어떤 그룹에 너무 많은 단어들이 있다면, 2~3개의 하위그룹으로 다시 쪼개어 각 하위그룹을 대표할 수 있는 제목, 즉 소주제를 붙이면 된다.

다음 <나비 프로젝트 6>은 유목화 하는 과정을 묘사한 에피소드이다.

나비 프로젝트 6 유목화

교: 자, 얘들아 이쪽 칠판을 잘 보렴. 여기에 우리가 생각모으기를 해서 붙인 종이들이 많이 붙어 있구나. 오늘은 이것들을 가지고 서로 비슷한 것끼리 묶어 보도록 하자. 이쪽 게시판에는 여러 색깔 종이가 붙어 있단다.

유1: 와~ 예쁜 종이 많다~.

유2: 분홍색, 파랑색, 초록색…….

교: 그래, 색깔들이 모두 달라. 이제 각 색깔마다 서로 비슷한 친구만 붙일 수 있단다. 이것 봐, 선생님이 분홍 종이에 붙여 볼게. 호랑나비, 노랑나비, 흰나비……(교사가 붙이는 모습을 유아들이 보도록 한다). 모두 여러 종류의 나비들이니깐 여기 분홍종이에 붙인거야. 또 나비의 종류에 관한 것들이 있니? 그런 것이 있으면 분홍종이에 붙이면 좋겠어.

유3: 파란 종이에는 나비 말고 다른 곤충들을 붙여요.

교: 그래, 좋은 생각이구나. 그럼 이 파란종이 위에는 '친구곤충'이라고 써주자. 이것과 같이 친구가 될 수 있는 종이를 떼서 붙여 주자.

유4: 물방개, 벌, 진드기…….

교: 그래, 좋아. 이제 남은 종이들을 보자. 모기약, 거미줄 같은 것들은 어떤 제목을 붙여줄까?

유3: 나비에게 해로운 거요.

교: 그래, 맞아. '해로운 것'으로 ○○친구가 초록 종이 위에 적어 줄까? 야, 여기 남은 종이에 있는 과일, 배추, 꿀은 어디에 붙여 줄까?

(이런 식으로 유목화를 하고 난 후 유목화된 종이를 게시한다.)

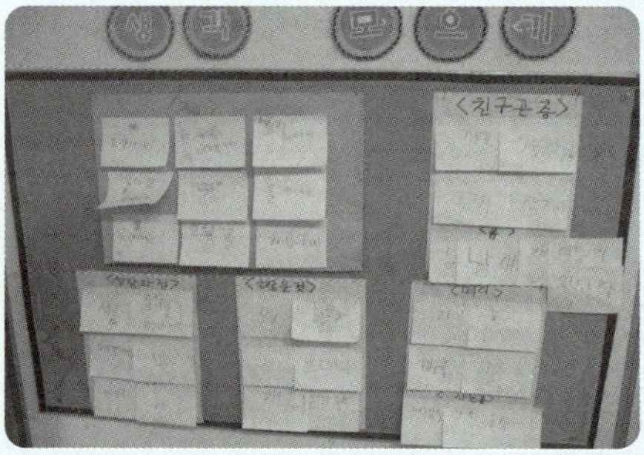

→유목화 과정의 결과물을 전시해 놓는다.

(4) 주제망 구성

유목화 작업이 정리되고 나면 다음 과정은 주제망을 그리는 일이다. 주제망 그리기는 유목화된 내용들을 그대로 옮겨 붙이거나 적기만 하면 되므로 다소 단순한 작업이라 할 수 있다. 주제망 구성을 위해 교사는 다음 제시된 방법을 참고하면 될 것이다(지옥정, 2006).

① 교사와 전체 유아가 함께 하는 방법

프로젝트를 처음 실시해 보거나 교사를 돕는 다른 보조인력이 없는 경우, 또는 유아들이 주제망 구성과정을 잘 이해하지 못하는 학기 초일 때 교사가 전체 유아들과 함께 이야기 나누면서 할 수 있는 방법이다.

② 유아들끼리 모둠별로 하는 방법

유아들이 주제망 구성과정에 어느 정도 익숙해졌을 때 활용할 수 있는 방법이다. 교사는 모둠별 유아들의 수를 4~5명 정도로 조정해 주어 구성원들 간에 활발한 상호작용이 이루어지도록 한다. 모둠별 구성 시에는 유아들의 특성을 고려하여 글을 쓸 수 있는 유아와 글을 잘 못쓰는 유아, 적극적인 유아와 소극적인 유아가 고르게 구성되도록 배려한다.

③ 유아 개별로 하는 방법

이 방법은 유아들이 주제망 구성과정에 충분히 익숙해져 혼자 해보기를 원할 때 활용할 수 있는 방법이다. 이 경우 각 유아의 결과물을 복사해 둔다면 이후 그 유아에 대한 평가자료로 활용할 수 있다.

교사는 유아의 발달정도나 이전 관련 경험에 따라 이상의 방법을 선택・활용하면 된다. 어느 방법을 택하든지 간에 반 전체가 모여 주제망 구성과정을 다시 검토・확인해 보는 재정리 시간을 가지는 것이 좋다. 완성된 주제망은 그 프로젝트가 진행되는 동안 내내 벽이나 게시판에 부착되도록 해서 프로젝트 전체 활동의 준거역할을 하도록 한다. 한편 연령이 어려 주제망을 이해하지 못할 때 주제망 구성없이 선정된 주제에 대해 이전 경험을 나누고, 곧바로 궁금한 것이나 문제거리에 대해 조사하고, 그리고 탐구활동으로 들어가도 무방하다.

다음 <나비 프로젝트 7>은 모둠별로 구성한 주제망이다.

나비 프로젝트 7 주제망(모둠별로 구성한 경우)

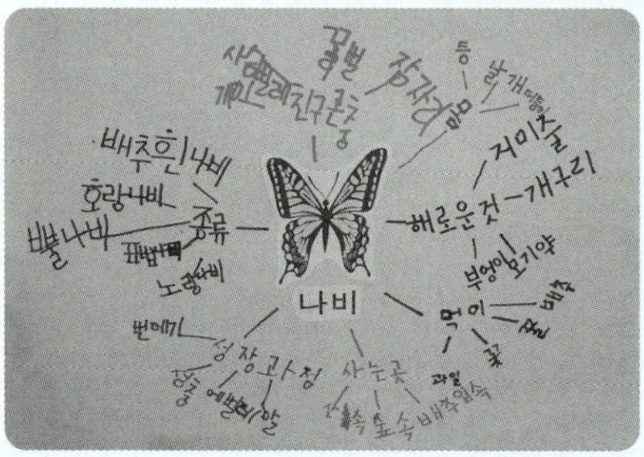

→주제망을 완성하고 나면 모든 유아들이 볼 수 있도록 벽면에 게시하여 준다.

(5) 질문목록 작성

주제망이 구성되고 나면 프로젝트 시작단계에서 남은 일은 유아로부터 주제에 대한 여러 가지 질문거리들을 모으는 일이다. 대개 질문거리들은 이전에 구성된 주제망과 연관지어 유발되나 연관되지 않은 질문들도 나올 수 있다. 또한 시기적으로도 일정하지 않아서 어떤 질문거리는 프로젝트 시작 첫날부터 나올 수도 있다. 이는 주제에 대한 친숙한 정도, 마련된 자원 내용, 주제와 관련된 유아나 교사의 특별한 경험, 교사의 질문거리 안내방식 등이 작용한다고 볼 수 있다.

이렇게 질문거리는 자연스럽게 찾아지지만 교사가 여러 가지 외적 방법을 동원해서 흥미를 불러일으킬 수 있다. '궁금이' 상자(질문상자), 질문게시판, 매력적인 질문 종이, 질문꽃이 봉투(주제망의 소주제 옆에 질문꽃이 봉투를 만들어 붙임) 등이 그 예가 될 수 있다. 이들 중 두, 세 가지 방법을 함께 사용해도 유아에게 흥미를 줄 수 있다. 예를 들어, 소주제마다 다른 색깔의 질문 종이를 마련해 주고, 질문을 적어 '궁금이' 상자에 넣도록 하는 것이다. 그밖에 교사가 질문하는 모습이나 질문 적는 모습을 보여주는 자체가 동일시 모델이 될 수 있다는 것도 잊지 말아야 할 것이다.

다음 <나비 프로젝트 8>은 유아들로부터 질문거리를 모으기 위해 교사가 이용할 수 있는 외적 방법들을 소개하고 있다. <나비 프로젝트 9>는 유아들이 제시한 질문거리들이다.

나비 프로젝트 8

예시-매력적인 질문 종이 사용

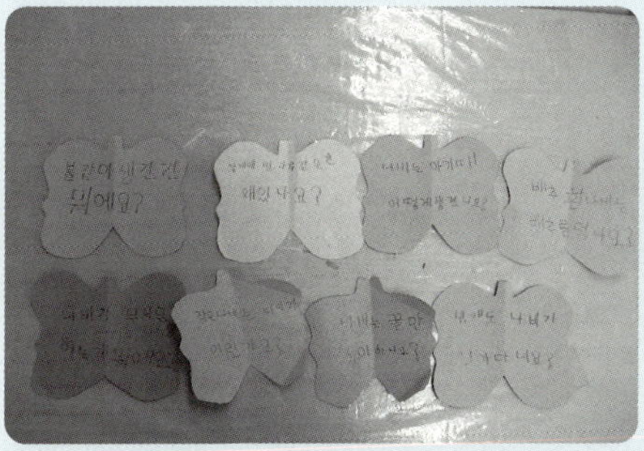

→여러 종류의 나비모양의 색깔 종이를 언어영역에 준비해 둔다. 수시로 종이를 꺼내서 궁금한 것들을 써서 '궁금이' 상자에 넣을 수 있도록 한다.

예시-'궁금이' 상자(질문상자) 이용

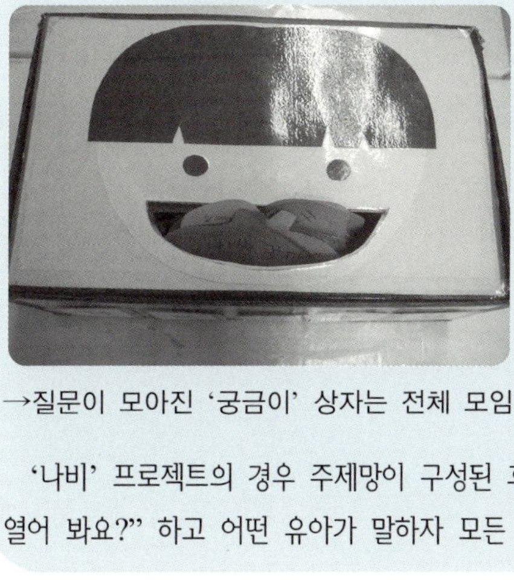

→질문이 모아진 '궁금이' 상자는 전체 모임시간에 개봉하도록 한다.

'나비' 프로젝트의 경우 주제망이 구성된 후 대집단 모임시간에 "선생님, 궁금이 상자 안 열어 봐요?" 하고 어떤 유아가 말하자 모든 유아들은 궁금해하는 표정을 지었으며, 드디어

‘궁금이’ 상자가 개봉되었다. 유아들은 호기심을 갖고 무엇을 꺼내보는 활동 자체를 매우 흥미롭게 생각하기 때문에 ‘궁금이’ 상자 개봉시간은 아주 즐거운 활동이 될 수 있다.

“자, 오늘은 궁금이가 어떤 질문들을 먹었을까? 하나, 둘, 셋…… 자~ 어떤 내용인지 확인해 보자. 첫 번째 질문…… 이것(질문)을 알아보려면 어떻게 하면 좋을까?” 등과 같이 활용할 수 있다.

이와 같이 교사가 유아들의 질문거리를 하나씩 꺼내 읽어 줌으로써 질문을 한 유아뿐 아니라 다른 유아들도 질문 내용에 대해 알 수 있게 된다. 이런 기회를 통해 유아들은 다른 친구들과 서로 질문을 중심으로 생각을 나누게 되는 것이다.

나비 프로젝트 9 질문목록

나비는 남자・여자를 어떻게 구별할까요?, 나비의 다리는 어디에 있을까요?, 나비는 왜 예뻐요?, 왜 나비 날개에 밀가루가 묻혀 있어요?, 나비는 날개가 없으면 왜 이상할까?, 나비는 왜 날개가 있을까?, 대왕나비는 뭐가 좋을까?, 나비는 왜 꿀만 좋아하나?, 배추흰나비는 배추도 좋아할까?, 밤에도 나비가 날아다녀요?, 나비는 어떻게 알에서 나비가 되나요?, 나비는 아기때 어떻게 생겼나요? 등등.

(6) 흥미유발 활동

앞서 질문목록 작성이 이루어지면 유아들은 질문과 관련해서 더욱 궁금해지게 된다. 이 때 교사는 프로젝트 활동의 흥미를 더하기 위해 다양한 활동을 안내해 줄 수 있다. 미리 준비단계에서 영역별로 구성한 자원을 활용하도록 유도하거나, 교실 내・외에서 주제 관련 실제 경험활동에 참여하는 상황을 만들어 줄 수 있다. 또한 그동안 주제와 관련해서 모아둔 시청각 자료 및 참고도서를 활용한 활동을 해보도록 격려하거나, 주제 관련 작품을 만들어 전시하도록 할 수도 있다.

다음 <나비 프로젝트 10>은 흥미유발 활동 가운데 유아들이 만들어 전시한 나비모빌이다.

나비 프로젝트 10 흥미유발 활동: 전시

→비닐봉지에 색종이를 구겨 넣은 나비 모빌을 만들어 천정에 달아놓았다.

이상 시작단계에서 이루어지는 여러 활동(경험나누기, 생각모으기, 유목화, 주제망 구성, 질문목록 작성, 흥미유발 활동)에 대해 살펴보았다. 이 단계에서 교사는 이미 이전 준비단계에서 짜두었던 예비 주제망을 활용함으로써 시작단계의 전체과정이 활성화될 수 있다. 즉 이전에 준비단계에서 예비 주제망을 구성해 보았던 경험은 유아의 경험이나 사고의 확장을 도우는 일에 기여할 수 있고, 혹시 빗나가고 있는 활동을 교사 자신의 프로젝트 계획에 적합하게 통합시킬 수도 있을 것이다. 그러나 교사는 예비 주제망이란 어디까지나 교사 자신의 예상 주제망이기 때문에 상황에 따라 변화될 수 있음을 유념해야 한다. 교사의 융통성이 요구되는 것이다.

3 전개단계

전개단계에서는 시작단계에서 작성한 질문목록을 중심으로 문제해결을 모색하기 위한 예측활동 및 문제해결 활동, 추후활동, 현장견학 등이 그 주요 내용으로 다루어진다. 이 전개단계에 이르게 되면 유아들은 프로젝트 활동에 더욱 흥미를 갖고 몰입하게 된다.

(1) 문제해결의 모색

① 예측활동

본격적인 문제해결 활동을 하기 이전 우선 문제에 대해 답을 예측해보는 예측활동을 하게 된다. 교사는 작성된 질문목록을 훑어보면서 유아들이 가장 궁금해 하는 질문을 한 가지씩 선택하여 유아에게 어떻게 문제를 해결해야 할지 예측해보도록 하고, 이 때 예측을 이야기, 글, 그림, 극화놀이 등으로 표현하도록 한다. 이 같은 문제해결을 예상하는 활동 자체는 유아에게 호기심과 궁금증을 갖게 하므로 다음 단계의 문제해결 활동 시에는 더 신중하고 진지한 태도를 갖게 한다(나비 프로젝트 11, 12, 13, 14 참조).

예측활동에서 유의해야 할 점은 유아들이 질문에 대한 답을 찾아보고 탐색해 보는 활동과정 그 자체에 의의를 두어야 한다는 것이다. 여기서 교사의 역할은 문제를 해결해 주는 것이 아니라 궁금증을 남겨 두어 유아가 호기심을 갖고 알아보려고 하는 태도를 키워주는데 역점을 두어야 한다. 그러나 간혹 예측활동 없이 문제가 해결될 수도 있다. 예를 들어, "나비는 왜 예뻐요?"라는 질문에 대해 한 유아가 "당연히 나비는 날개가 화려하니깐 예쁘지?"라고 대답하자, 다른 유아도 "그래~ 나비는 날개 색깔도 예쁘고, 무늬가 있잖아~" 했다. 이에 모두들 "맞아~!! 맞아~!!" 하면서 수긍을 했고, 더 이상 궁금해 하지 않게 된 경우이다.

② 문제해결 활동

예측활동과 마찬가지로 문제해결 활동을 할 때도 교사가 모든 문제를 해결하려는 주도적인 역할을 하기보다는 문제해결의 실마리를 주고 해결의 방법을 안내하는 정도에 그쳐야 한다. 문제해결을 위해 동원될 수 있는 방법들로는 전문가나 가족 및 주변 사람들과 면담하기, 관찰 및 실험해보기, 책 찾아보기, 인터넷 활용하기 등을 들 수 있다(나비 프로젝트 11, 12, 13, 14 참조).

특히 전문가나 지역사회 인물을 초청하거나 방문하여 이루어지는 면담활동은 면담 이전에 준비가 필요하다. 면담하고자 하는 목적, 질문내용 등을 사전에 작성해서 알려주어 효율적인 면담이 가능하도록 하고, 피면담자에 대한 예절 또한 지키도록 지도하는 것이 중요하다.

(2) 추후활동

추후활동이란 문제해결을 예측하고 해결하는 과정에서 알게 된 사실을 표현하거나 구성 및 정리하는 활동을 말한다. 이러한 활동은 확실히 알지 못하거나 부족하여 더 알고 싶은 부분에 대해 지식이 다시 재구성될 수 있는 적절한 기회가 될 수 있다. 따라서 교사는 되도록이면 다음 모든 영역별 활동을 시도할 수 있도록 도와주는 것이 좋다.

① 미술활동

문제를 해결하는 과정에서 알게 된 것을 기초로 하여 표현할 수 있는 가장 대표적인 활동 중 하나는 자세히 그리기이고, 만들기 활동 또한 다양하게 이루어질 수 있다.

② 언어활동

느낌이나 경험을 말로 표현해 보거나 편지, 동시와 같은 글로도 표현할 수 있다.

③ 수 · 과학활동

수량적 정보를 기록하기 위해 다양한 수학적 표현을 사용할 수 있다. 일 대 일 대응, 부분과 전체, 수 세기, 비교, 분류, 모양, 도표, 순서짓기, 막대그래프, 벤다이어그램 등을 그 예로 들 수 있을 것이다.

과학활동으로는 관찰하기, 실험하기, 분류하기, 측정하기, 예측하기 등이 포함된다.

④ 신체 · 음률활동

프로젝트를 하는 과정에서 알게 된 사실에 기초하여 게임을 하거나 신체표현 또는 간단한 노래를 개사하여 불러볼 수도 있다.

⑤ 극화활동

학습한 경험, 과정, 역할 등을 극화해 보는 기회를 갖기도 한다. 이렇게 극화를 통해 유아들은 학습한 것들을 보다 더 분명하게 인식 · 이해할 수 있게 된다.

예측활동, 문제해결 활동, 추후활동에 관한 예는 다음 <나비 프로젝트 11, 12, 13, 14>를 참고하면 될 것이다.

나비 프로젝트 11 질문목록의 예: 밤에도 나비가 날아다녀요?

▸ 문제해결의 모색

-예측활동: 프로젝트를 진행하면서 날아다니는 나비를 찾고 관찰하였다. 어떤 유아가 "밤에 나비를 봤어요~, 또 다른 유아는 "에이~ 밤에 나비 안 날아 다녀~!!"라고 말하면서 서로 다른 두 종류의 의견 모둠으로 나누어졌다. 이들 두 종류의 의견을 지닌 각각의 모둠은 글이나 그림으로 답을 예측해 본 후 발표해 보았다.

밤에도 나비가 있다고 생각하는 모둠의 발표

밤에 본 것은 나비가 아니라는 모둠의 발표

-문제해결활동→부모님께 물어보기: 아이들은 가정으로 돌아가서 부모님께 물어보았고, 밤에 날아다니는 것은 '나비'가 아니라 '나방'임을 알게 되었다. 문제를 해결해 나가면서 나비와 나방의 차이점에 대해 궁금해 했고, 가정에서 책이나 인터넷 검색으로 나비와 나방을 비교한 자료들을 찾아왔다.

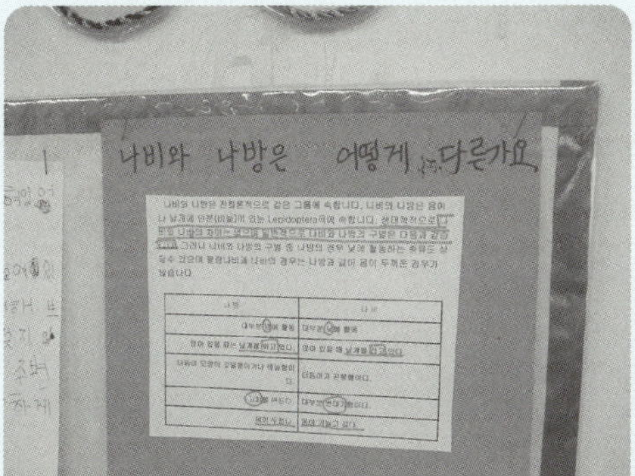

▸**추후활동**

-수·과학활동: 문제해결과정에서 알게 된 사실을 벤다이어그램으로 표현해 보았다.

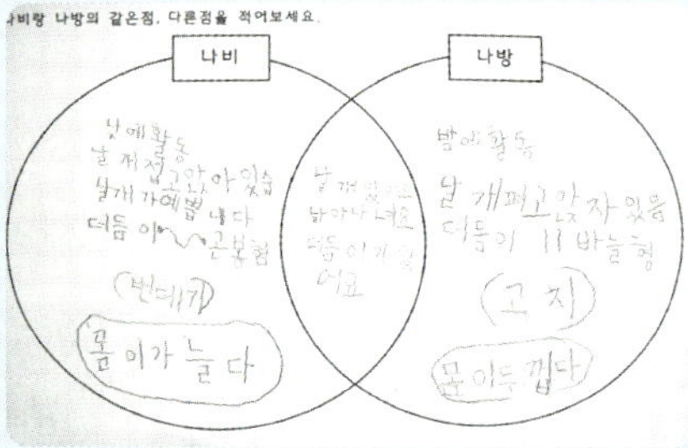

나비 프로젝트 12 질문목록의 예: 나비는 남자·여자를 어떻게 구별할까요?

▸**문제해결의 모색**

-예측활동: 벽면에 게시된 나비의 사진자료를 보며 분홍 빛깔이 들어간 나비를 보고는 "저건 여자 나비~!!" 파란 빛깔이 들어간 나비를 보며 "저건 남자 나비~!!", "아니야, 저것도 여자 나비 될 수 있어~!!" 하면서 이야기 나눈 후 '나비는 남자, 여자를 어떻게 구별할까요?'라는 질문에 대한 답을 그림으로 그려 예측하여 보았다. 더듬이나 크기가 다를 것이라 하는 친구도 있고, 색깔이 다를 것이라 하는 친구들도 있었다.

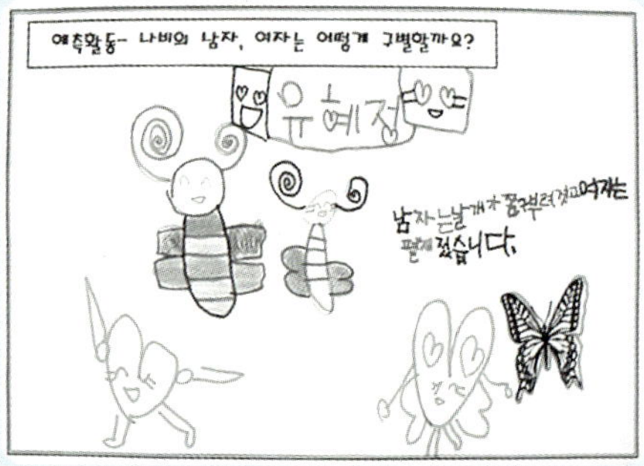

-문제해결 활동 → 책 찾기: 가정에서 가져온 여러 책들과 자료들을 자유놀이시간에 살펴보면서 "어~!! 선생님 여기 남자 · 여자 구별하는 것 나왔어요~!!" 하면서 다들 몰려들기 시작했다. 나비의 수컷은 날개가 더 하얗고 암컷은 검은 무늬가 크고 앞날개 죽지가 회색이

었다. 또한 암컷은 배가 더 굵고, 수컷은 가늘다는 것을 알았다.

→암컷은 배가 더 굵다? 그런데 "나비의 배가 어디 있지?" 하며 새로운 질문이 파생!!
→또 다시 책 찾기를 통해 배, 다리, 눈이 어디 있는지 확인하게 되었다.

▸추후활동

-미술 및 언어활동: 알게 된 '나비 몸의 구조'를 그리고 그 명칭을 써 보았다.

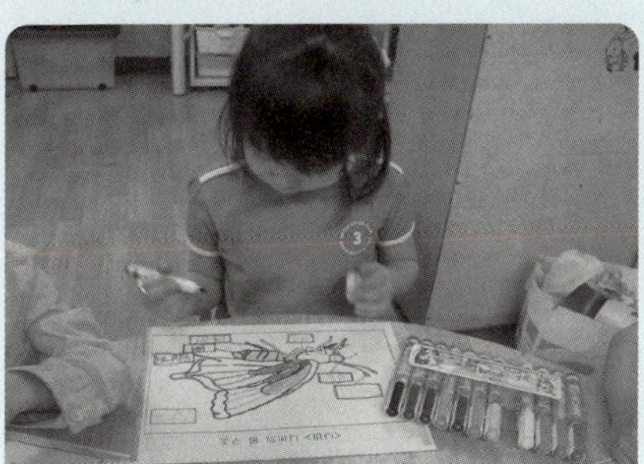

나비 프로젝트 13 질문목록의 예: 나비는 어떻게 알에서 나비가 되나요?

▸문제해결의 모색

-예측활동: 나비는 어떻게 성장하게 되는지 예측해 보았다. 고치가 되는 과정이 있다고 하는 친구도 있고, 고치가 되는 과정이 없다고 하는 유아도 있었다. 아래 사진은 나비는 '알→애벌레→번데기→고치→나비'라는 성장과정을 거친다고 예측한 유아의 활동지이다.

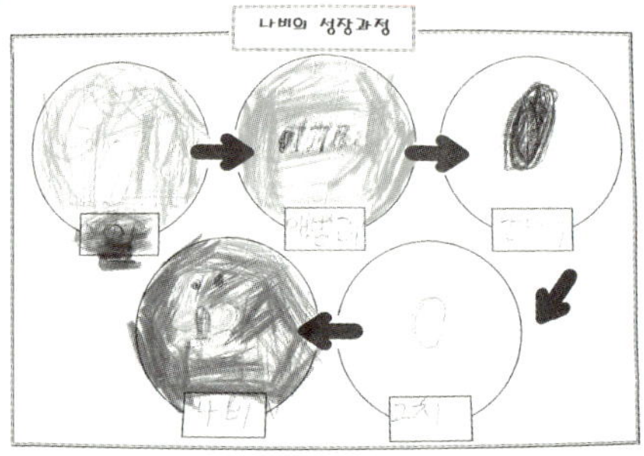

-문제해결활동→집에서 조사해오기: 주말을 앞두고, 질문에 대해 부모님께 여쭤보거나 책을 찾아보거나 해서 알아오기로 했다. 아이들은 인터넷 검색이나 책을 보고 찾아온 자료를 친구들과 공유하게 되었다.

▸추후활동

-언어활동: 『나비의 성장과정』 책 만들기

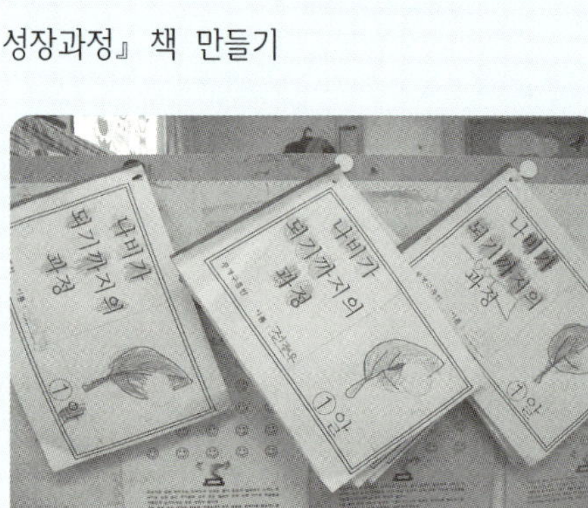

나비 프로젝트 14 질문목록의 예: 나비는 왜 꿀만 좋아하나?

▶문제해결의 모색

-예측활동: 아이들은 꽃의 단 것(꽃의 꿀)을 손쉽게 빨아 먹는 나비를 부러워하면서도 왜 꿀을 왜 좋아하는지 궁금해 했다. 나비가 꿀을 먹는 이유를 다른 친구들의 의견을 적어가면서 토의해 보았다.

-문제해결활동→교실의 인터넷 검색: 네이버 검색(http://kin.naver.com)을 통해 나비의 입은 동그랗게 말려 있다가 꿀을 먹을 때는 길게 풀어 빨아먹기 때문에 즙으로 된 꿀, 나무의 진액을 좋아하게 되는 것임을 알게 되었다.

▶추후활동

-신체활동: '나비 꿀 먹기' 게임을 했다.

▸음률활동 : 노래 개사하기

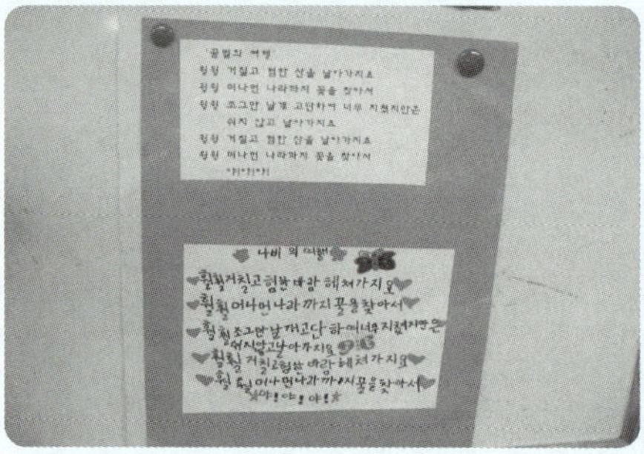

→이전에 배웠던 '꿀벌의 여행' 노래를 우리가 알아낸 사실들로 '나비의 여행'이라는 제목 하에 개사해 보았다.

(3) 현장견학

프로젝트 활동에서 현장견학은 구체적인 경험을 할 수 있는 중요한 부분으로 이를 통해 프로젝트 활동이 보다 활성화 될 수 있다. 유아들은 자신의 지식이나 사고를 확고히 해나가거나 혹은 수정해 나갈 수 있는 의미 있는 기회를 현장견학을 통해 갖게 된다(하순련, 오영희, 2001).

① 현장견학 전 준비활동

현장견학이 효율적이고 의미 있는 활동이 되기 위해서는 사전에 세심한 계획이 필요하다. 우선 교사는 현재까지의 프로젝트 활동을 점검하면서 이 현장견학을 통해 무엇을 얻어야 하는지, 유아들이 질문목록 중에서 현장견학에서 알아보고자 한 사항들은 무엇이었는지를 정리 · 확인해 봄으로써 현장견학의 목표를 분명히 할 수 있다. 그 다음 이러한 현장견학의 목표를 달성할 수 있도록 현장 물색하기, 현장 사전답사하기, 현장 공문발송하기 등과 같은 절차를 밟아 철저한 준비를 하도록 한다.

한편, 교사는 유아들에게 현장견학에 대해 설명해주는 시간을 꼭 갖도록 한다. 현장에서 무엇을 볼 수 있고, 어떤 정보를 얻어

올 수 있는지 등을 설명하고, 현장에서 보고 싶은 것을 그림이나 글로 예상해보게 한다. 아울러 질문목록을 함께 보면서 현장에 가서 질문해 볼 것을 메모하게 한다.

또한 의미 있는 현장견학 활동이 되기 위해 다양하고도 간단한 기록방법, 즉 그리기, 쓰기, 스케치하기, 수로 나타내기, 표로 나타내기, 측정하기, 사진찍기 등이 활용될 수 있음을 알려주고, 이들 기록방법에 의한 기록내용은 현장견학 이후의 학습활동에 유용하게 활용될 수 있음을 알린다.

② 현장견학 활동

유아들의 현장에서의 직접적인 경험은 프로젝트 활동을 보다 의미 있게 활성화시킬 수 있다. 현장에서 이루어질 수 있는 활동들로는 관찰 및 조사하기, 기록하기, 현장 사람들에게 질문하기, 현장에서 물품 수집해오기 등을 들 수 있다.

③ 현장견학 후 활동

현장견학을 마친 후 곧바로 현장에서 일어났던 일들, 즉 본 것, 이야기 나눈 것, 흥미로웠던 점 등을 이야기 나누게 하고, 특히 메모한 질문목록의 내용에 대해 어떠한 답을 얻어왔는지 발표하도록 한다. 그리고 대강 기록해 온 것들을 기초로 보다 상세하게 그림, 도표, 만들기, 글쓰기 등과 같은 활동, 즉 앞서 언급된 추후 활동처럼 영역별로 활동을 한다면 견학 후 활동이 좀더 확장 · 심화될 수 있을 것이다.

또한 견학 중 새롭게 제기된 질문에 대한 조사 · 탐구활동을 첨가할 수도 있고, 현장견학 전에 미리 예측해 보았던 경험과 현장견학 후에 경험한 것들을 서로 비교하면서 유아 자신의 지식을 확고히 하거나 수정해 나갈 수도 있을 것이다. 마지막으로, 현장에서 도움을 준 사람에게 감사편지로 현장견학의 유종의 미를 맺도록 지도한다.

나비 프로젝트 15

▸현장견학 전 활동

→견학을 가서 어떤 나비들을 볼 수 있을지 상상하여 그려 보았다. 이 그림은 무지개 색 날개를 가진 나비가 있을 것이라고 예측한 아동의 그림이다.

▸현장견학: 세계 곤충학습 체험전(능동 어린이대공원 교양관)

-견학을 가서 아이들이 상상했던 '무지개 나비'는 없었지만, 다양한 종류의 나비를 볼 수 있었다. 또한 질문거리에 대한 구체적인 경험도 하게 되었다. 예를 들어, 알 → 애벌레 → 번데기 → 나비의 성장과정을 표본으로 확인하고, 나비의 배, 날개 모양을 자세히 관찰하고, 나비를 직접 만져보면서, 특히 날개에 대한 촉각의 느낌을 경험해보았다.

여러 종류의 나비를 보았어요.

나비를 손바닥이나 손목에 올려놓았어요.

▶현장견학 후 활동

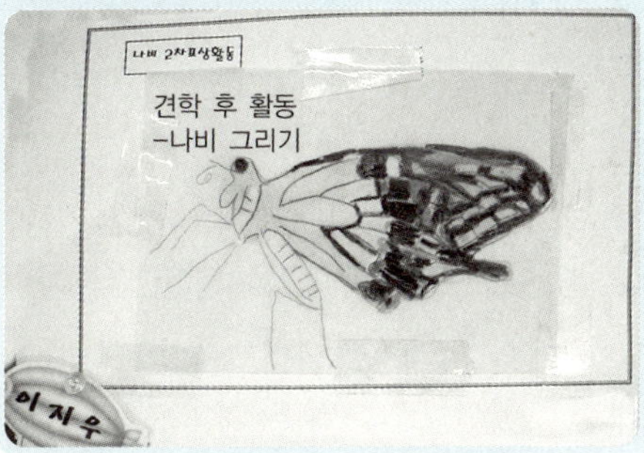

→견학가서 찍어 온 사진이나 팸플릿 자료를 보고 나비를 그려보았다.

4 마무리단계

유아들이 프로젝트 전 과정을 통해 이루어 온 결과물들을 다른 사람에게 보여주고 설명하며 의견을 교환하는 마무리단계를 가진다. 이 단계는 마무리 행사준비, 마무리 행사(발표회 혹은 전시회), 마무리 행사 이후 등의 활동들로 구성되며, 그동안 진행해 온 프로젝트를 정리 · 평가해 보면서 재창조의 기회를 갖게 된다.

(1) 마무리 행사준비

마무리 행사준비를 위해서는 우선 전체토의 및 모둠토의를 통해 행사계획을 세우고, 실제 행사를 위해 교실꾸미기, 초대장 보내기 등의 준비활동을 하게 된다.

① 전체 토의 및 모둠 토의

프로젝트 활동을 종결시켜야 할 시점을 정하는 일은 그리 어렵지 않다. 유아가 프로젝트 주제에 관심을 보이지 않거나, 혹은 교사가 프로젝트 준비단계에서 설정한 주요개념이나 예상활동이 충분히 다루어졌다고 판단하거나, 주제망과 질문지 목록에 대해 거의 다 다루어졌다고 보면 종결시킬 적절한 때가 된 것이다. 교사는 유아와 함께 프로젝트 전 과정을 돌아보며 어떤 일이 있었는지를 되짚어보는 전체 토의시간을 갖고 그동안 성취해 온 학습을 축하하기 위해 마무리 행사를 계획하기 위해 토의하게 된다.

토의할 사항들은 전시회(혹은 발표회)의 주제와 내용, 준비일정표, 준비물, 초대 대상, 유아 각자의 역할 등이다. 프로젝트 마무리단계에 접어들게 된 유아들은 프로젝트 진행과정과 절차에 익숙해져서 이들 토의사항들 중 한 가지씩 할당을 맡아 같은 역할을 맡은 모둠별로 토의할 수 있게 된다. 모둠별 토의 후에는 전체로 모여 발표하고, 내용을 통합 · 조정하여 마무리 행사준비를 시작한다.

다음 <나비 프로젝트 16>은 마무리 행사를 준비하는 모습을 담은 장면이고, <나비 프로젝트 17>은 마무리 행사 때 발표할 동극에 담아야 할 내용, 즉 동화를 소개한 것이다.

나비 프로젝트 16

▸마무리 행사준비 - 발표 주제와 내용 토의하기

→('나비' 동극을 꾸미기로 발표 주제를 정한 뒤, 동극의 내용을 그림으로 우선 표현해 보았다.) 아이들이 그린 그림 중 겹치는 것을 빼고 7장을 뽑아 이들 그림을 2~3장면씩 모둠별로 나누었다. 옆 사진은 유아들이 모둠별로 주어진 그림의 등장인물 대사와 내용을 좀더 보충하고 있는 장면이다.

→동화짓기

7장의 그림 각각에 대한 대사 내용을 전시하고 있다. (전체 동화: 나비 프로젝트 17 참조)

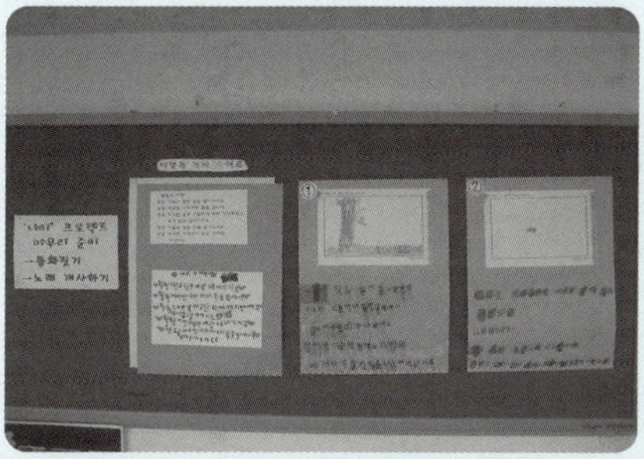

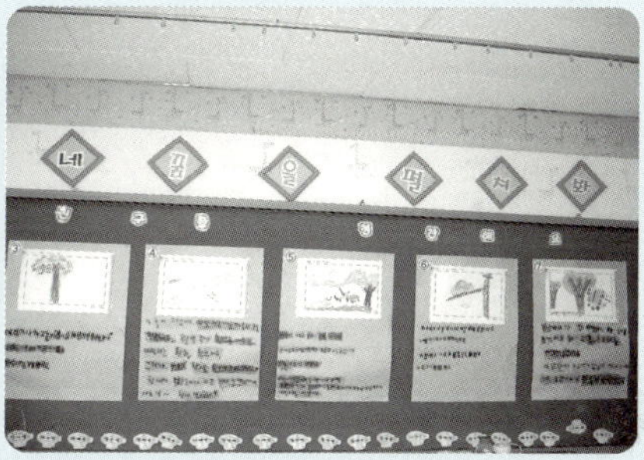

→맡은 배역에 따른 준비물과 의상준비

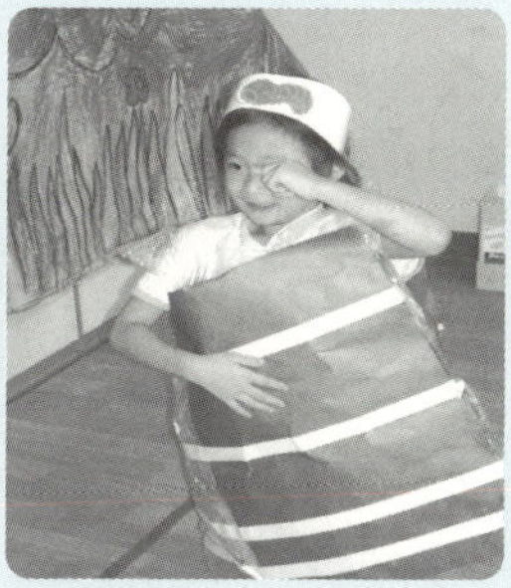

갈색 애벌레 배역을 맡은 친구를 위해 커다란 비닐봉지에 색지를 붙여 의상을 만들고 있다. 역할 머리띠도 준비하고 있다. 오른쪽 사진은 마무리 행사를 위해 완성된 옷을 입어보고 있는 모습이다.

나비 프로젝트 17 완성된 동화(제목: 넌! 누구니?)

❶ 나무에 작은 알이 붙어 있어요. "나는 이담에 여왕이 될테야."

알 속에서 벌레가 나왔어요. 털이 까슬까슬한 벌레는 자기가 빠져 나온 알껍질을 씹어 먹었어요.

❷ 나무로 기어 올라온 개미가 깜짝 놀라 물었어요.

"넌 누구니?"

"응, 나는 호랑나비 애벌레야. 나하고 놀자~."

"어머~!! 싫어! 싫어~!" 개미는 얼른 도망쳐 버렸어요.

❸ 매미가 날아왔어요. 애벌레는 매미와 친구가 되고 싶었어요.

"매미야, 나하고 놀자."

"싫어! 싫어~! 넌 정말 못생겼구나."

매미도 얼른 도망쳐 버렸어요. 애벌레는 쓸쓸했어요.

❹ 나흘이 지났어요. 애벌레는 까슬까슬한 옷을 벗었어요. 흑갈색 목에 흰띠를 두른 애벌레는 친구를 찾았어요. 그러나 아무도 친구가 되어 주지 않았어요.

"참새다. 모두 숨어라."

그 때, 갑자기 참새가 날아왔어요. 모두들 도망가서 숨었어요. 하지만 느린 애벌레는 숨지 못하고 고개를 숙이고 있었어요.

"이건 내가 눈 똥이잖아~!!" 참새는 애벌레가 똥인줄 알고, 날아가 버렸어요.

"쟤는 똥이래. 참새 똥이래~!!"

애벌레는 곤충 친구들에게 놀림을 받았어요. 속상한 애벌레는 나무로 올라와 2, 3번 옷을 갈아입고 4번째에는 초록색 옷을 입었어요.

❺ 초록색 옷을 입은 애벌레는 땅으로 내려가 봤어요. 땅에 내려가자 사마귀가 와 있었어요.

"저놈~ 맛있게 생겼네!!" 사마귀가 애벌레에게 덤비려 했어요.

"에잇!" 애벌레는 주황색 뿔을 내밀며 나쁜 냄새를 풍겼어요.

"아이고~ 냄새" 곤충 친구들과 사마귀는 방귀쟁이 애벌레를 피했어요.

❻ 속상해진 애벌레는 또다시 나뭇가지에 올라갔어요.

애벌레는 입에서 실을 뽑아 몸에다 감고 계속 잠만 잤어요. 30밤이 지나고 번데기의 등이 툭 터졌어요. 그리고 알록달록한 것이 나오기 시작했어요. 호랑나비가 된 애벌레는 멋진 날개를 펼쳤어요.

❼ 애벌레를 놀린 친구들은 호랑나비가 된 애벌레를 보자 미안해졌어요.

"그동안 미안했어. 우리의 여왕님이 되어 주세요."

이제 호랑나비는 외롭지 않았어요.

② 교실 꾸미기

전체 토의에서 마무리 행사를 위한 토의사항들이 다루어지고, 토의 결과에 따라 준비를 하게 되는데, 그 중 하나가 교실 꾸미기이다. 교실 꾸미기는 그동안 프로젝트의 진행과정 및 활동 내용을 알 수 있도록 전시되었던 작품들을 정리하여 재배치하는 일과 마무리 행사를 위해 배경 꾸미는 일이 포함된다. 유아들끼리 교실을 꾸밀 수 있도록 책임을 부여하게 되면 지금까지 수행되어 왔던 활동의 개요를 복습·평가하게 되고 앞으로의 교육활동에 참고하게 되는 기회를 가질 수 있다.

다음 <나비 프로젝트 18>은 동극 발표를 위해 무대배경을 꾸미고 있는 장면과 꾸며놓은 무대장면이다.

나비 프로젝트 18 동극 배경 꾸미기

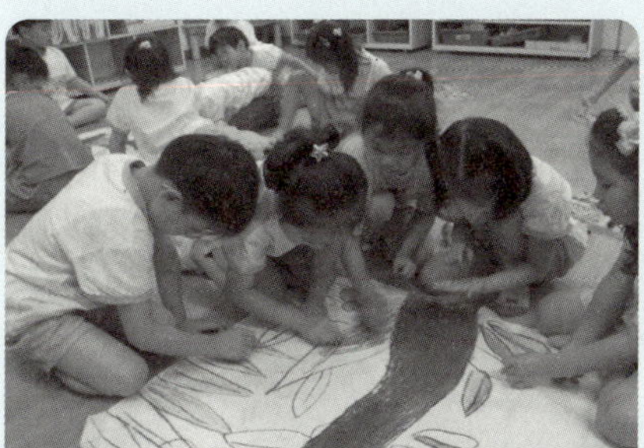

유아들이 동극을 하기 위해 배경을 그리고 있다. 나비가 좋아하는 꽃도 그리고, 풀도 그리고 있다.

완성된 동극 배경이다.

③ 초대장 보내기

발표회(혹은 전시회)를 알리고 초대하는 글을 부모나 다른 반 유아, 또는 특별한 도움을 준 전문가나 현장 사람들에게 보내도록 한다. 초대장에는 누가, 언제, 어디서, 무엇을, 어떻게 하는지의 내용이 담겨 있어야 한다.

다음 <나비 프로젝트 19>는 마무리 행사를 알리기 위해 유아들이 홍보 포스터를 제작하고 있는 장면이고, 유아가 제작한 초대장이다.

나비 프로젝트 19 마무리 행사를 알리는 홍보 포스터 및 초대장 제작

제작한 포스터와 초대장을 어린이집 입구와 복도에 붙여 놓았다.

(2) 마무리 행사

① 발표회

발표회는 앞서 마무리 행사를 위해 선정한 발표주제와 내용을 유아들에게 그들의 상상력을 함축시켜 예체능 및 극화활동으로 재창조할 수 있도록 하는 기회를 제공한다. 그런데 발표회의 활동이 유아의 이해를 넘어서 다른 사람에게 보여주기 위한 과시용이 된다면 귀한 시간을 낭비하는 비교육적 경험이 될 것이다.

<나비 프로젝트 20>은 발표회에서 유아들의 동극하는 모습, 개

사한 노래를 부르면서 율동을 하고 있는 모습이다.

나비 프로젝트 20 동극하기, 개사한 노래·율동하기

부모님, 어린이집 선생님들, 동생들을 초대하여 동극과 함께 개사한 노래 · 율동을 발표하고 있다.

② 전시회

전시회에서는 초대한 사람에게 프로젝트 활동의 결과물들, 특히 글 관련 작품들, 그리기 및 조형작품들 등을 보여주면서 설명해 주게 된다. 가능하다면 유아들이 역할을 분담하여 전시회 행사진행을 맡는 것이 권장된다. 손님을 맞이하여 안내하는 일, 전시된 작품에 대해서 설명하는 일 등에 대해 전시회 이전에 교사의 지도를 받는다면 그리 어렵지 않을 것이다.

이와 같이 발표회나 전시회 등 공개행사를 통해 유아들은 자신이 성취한 어떤 것을 다른 사람들과 상호 공유함으로써 얻게 되는 교육적 가치는 크다. 유아들끼리의 협동의식과 공동체 의식이 발달되고, 책임감, 자신감, 사고의 확장 등을 기르게 된다. 다른 반 유아들도 행사를 주최한 유아들로부터 전시된 것을 보고 듣는

가운데 자기들도 그런 활동을 하고 싶어하는 동기가 유발될 수 있다. 다만, 너무 서두르거나 남에게 보여주는 활동으로 일관되지 않도록 유의해야 할 것이다.

(3) 마무리 행사 이후

마무리 행사 이후에 반드시 이행해야 할 일은 마무리 행사에 대해 평가 · 정리하는 일이다.

① 마무리 행사에 대한 평가

마무리 행사에 대한 평가의 의의는 마무리 행사를 하는 과정에서 잘된 점과 잘못된 점에 대해 이야기하고, 다음에는 어떻게 하면 더 좋을지에 대한 개선점을 찾아내는 것이다. 이 때 프로젝트 마무리 행사 진행과정을 찍은 사진을 유아들과 함께 보면서 이야기 나누는 것도 바람직하다. 예를 들어, (사진을 보여주면서) 교사가 "우리 반 친구들이 노래를 참 잘 불렀어요. 다음에도 그렇게 열심히 노래해요.", (사진 속의 아이들을 가리키며) 유아들이 "저기 떠들고 있다가 자기 나올 차례를 모르는 친구 때문에 속상했어요.", "동생들이 박수를 쳐주니깐 기뻤어요. 동생들을 초대하길 잘했어요." 등과 같은 이야기들을 할 수 있을 것이다.

② 마무리 행사에 대한 정리

전시된 여러 결과물이나 자료 등의 정리과정은 마무리 행사준비나 실제 마무리 행사만큼이나 중요한 의미를 갖는다. 어떤 작업 후에 정리하는 일은 다음 작업의 효율성을 위해 필수적임에도 불구하고 흐지부지되고 말거나 교사 혼자 대강 처리하는 수가 많다. 유아기에 정리하는 습관은 평생 지속될 수 있어 이 과정을 빠뜨리지 않도록 유념해야 한다. 전시회 개최를 위한 준비 때와 마찬

가지로 유아들과 논의를 통해 역할을 나누어 정리한다면 빠른 시간에 효과적으로 끝낼 수 있다.

정리에는 작품정리와 교실정리 하기가 포함된다. 유아들의 개별 작품은 개인 파일에 정리될 수 있도록 하고, 구성물들은 토의결과에 따라 분해하여 재활용할 것과 폐기할 것 또는 교구장에 돌려놓을 것 등으로 나누어 정리하고, 빌려온 것은 되돌려 준다. 그리고 교실정리는 전시되었던 작품을 떼어내고 정리하는 일, 교재·교구를 정리하고 재배열하는 일, 특정 물건을 씻는 일까지 포함된다.

다음 <나비 프로젝트 21>은 유아 각자의 개인 파일을 정리하여 모아놓은 것이고, 교사가 프로젝트를 마치면서 자신의 의견을 작성한 내용이다.

나비 프로젝트 21 정리하기-개인파일 정리

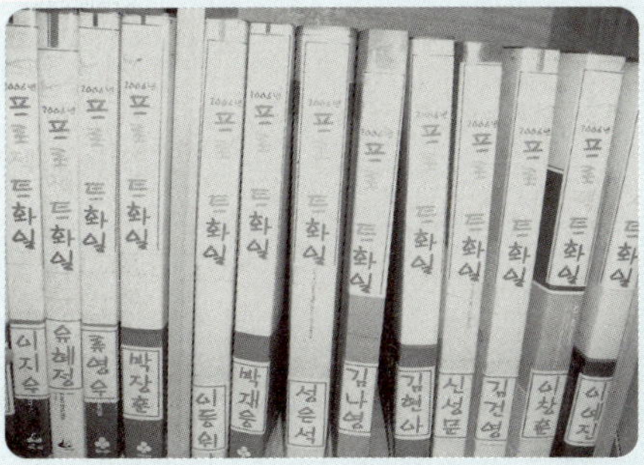

→개인 프로젝트 파일 속에 그동안의 활동지 및 작품들을 정리해 두었다.

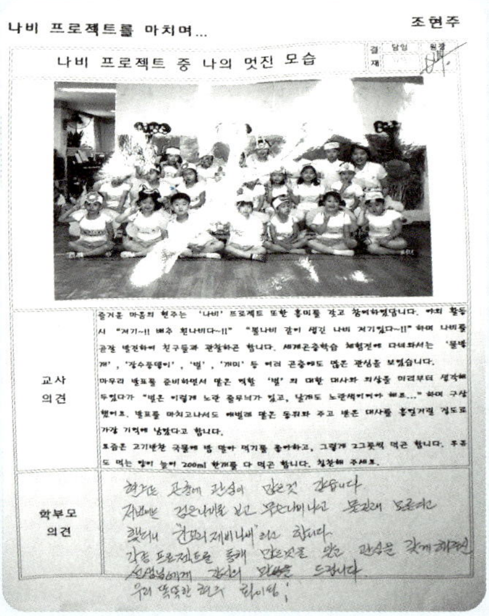

나비 프로젝트를 마치며... 조현주

나비 프로젝트 중 나의 멋진 모습	
교사 의견	즐거운 마음의 현주는 '나비' 프로젝트 또한 흥미를 갖고 참여하였답니다. 바깥 활동 시 "저기~!! 배추 흰나비다~!!" "불나비 같이 생긴 나비 저기있다~!!" 하며 나비를 곧잘 발견하여 친구들과 관찰하곤 합니다. 세계곤충학습 체험전에 다녀와서는 '물방개', '장수풍뎅이', '벌', '개미' 등 여러 곤충에도 많은 관심을 보였습니다. 마무리 발표를 준비하면서 맡은 역할 '벌'의 대한 대사와 의상을 미리부터 생각해 두었다가 "벌은 이렇게 노란 줄무늬가 있고, 날개도 노란색이어야 해요..." 하며 구상했어요. 발표를 마치고나서도 꿀벌에 맡은 동작과 주고 받은 대사를 흥얼거릴 정도로 가장 기억에 남았다고 합니다. 요즘은 고기반찬 국물에 밥 말아 먹기를 좋아하고, 그렇게 그릇째 먹곤 합니다. 우유도 먹는 양이 늘어 200ml 한개를 다 먹곤 합니다. 칭찬해 주세요.
학부모 의견	

→프로젝트 파일의 맨 마지막장은 활동 속 아동의 사진과 함께 '교사 의견'을 작성하여 가정으로 보낸다.
가정에서는 아동과 함께 파일의 내용을 살핀 뒤 '교사 의견' 밑에 '학부모 의견'을 작성하여 어린이집으로 다시 보내면 다음 활동을 위한 참고자료가 될 것이다.

5 프로젝트 평가

프로젝트 활동도 다른 학습활동과 마찬가지로 평가가 필수적이다. 다음 <표> 2개 각각은 프로젝트 시작단계에서 마무리단계까지 전 과정에 걸쳐 교사 및 유아의 역할 수행을 중심으로 제작된 교사용 평가준거 25개(표 4-3 참조)와 유아용 평가준거 25개(표 4-4 참조)이다.

평가는 프로젝트가 종료되는 시점뿐만 아니라 프로젝트 활동이 진행되는 동안에도 이루어져야 한다. 프로젝트 활동 중에 이루어지는 평가는 프로젝트를 보다 개선·발전시켜 유아의 학습효과를 높이고, 프로젝트 종료 후 평가는 프로젝트 전체를 반성하고 유아에게 나타난 학습효과를 평가해서 차후 다른 프로젝트 활동을 보다 효과적으로 수행하는데 그 목적이 있다.

(1) 교사의 프로젝트 수행능력에 대한 평가

프로젝트 전 단계에 걸쳐 교사의 역할 수행을 중심으로 제작한 평가문항 25개는 다음 <표 4-3>과 같다.

〈표 4-3〉 프로젝트 수행능력 평가표(교사용)

프로젝트 주제			활동기간	년 월 일 ~ 월 일			
이 름			○○반				
단계	번호	평가 기준	평정척도 못함 ← → 잘함				
			1	2	3	4	5
준비단계	1	주제가 유아의 일상생활과 관련되어 흥미를 유발하는가?					
	2	주제가 유아의 발달수준이 고려되어 선정되었는가?					
	3	주제가 실제 교육현장활동으로 실현될 수 있는가?					
	4	교사의 예비 주제망이 포괄적인가?					
	5	예비 주제망에 기초한 자원목록은 상세한가?					
	6	교사의 교실환경 구성은 주제에 대한 유아의 관심을 불러일으키는가?					
	7	부모에게 프로젝트 활동을 소개하고 협조를 요청하는가?					
시작단계	1	유아들의 경험나누기 활동을 통해 주제에 대한 흥미가 유발될 수 있도록 유도하는가?					
	2	유아의 생각모으기를 자극하는 워밍업을 시도하는가?					
	3	교사는 유아의 유목화 작업을 효율적으로 이끌어 가는가?					
	4	주제망 구성을 위해 교사는 예비 주제망이 확장·조정되도록 유아에게 적절한 도움을 주는가?					
	5	유아가 질문거리를 찾도록 궁금이 상자, 질문게시판 등과 같은 외적 요인을 활용하는가?					
	6	유아의 프로젝트 활동에 대한 흥미를 더욱 유발하도록 다양한 활동을 안내하는가?					

전개단계	1	유아가 스스로 질문에 대한 답을 예측해보도록 격려하는가?					
	2	유아에게 문제해결을 위한 실마리나 다양한 방법을 안내하는가?					
	3	유아의 문제해결과정에서 알게 된 지식을 미술, 언어, 수·과학, 신체·음률, 극놀이 등의 추후활동으로 표현하도록 지도하는가?					
	4	현장견학(혹은 전문가 면담)을 위해 이전에 철저히 준비하는가?					
	5	현장견학활동(혹은 전문가 면담활동)이 프로젝트 활동과 연계될 수 있도록 지도하는가?					
	6	현장견학(혹은 전문가 면담)을 마친 후 곧바로 현장에서 일어났던 일들을 확인·발표하는 시간을 가지는가?					
마무리단계	1	마무리 행사계획을 위한 토의에 유아들의 참여를 격려하는가?					
	2	마무리 행사준비활동(교실꾸미기, 초대장보내기 등)에 유아들의 참여를 격려하는가?					
	3	지금까지의 프로젝트 학습내용이 마무리 행사활동을 통해 나타나는가?					
	4	마무리 행사활동이 유아의 발달수준에 맞는가?					
	5	마무리 행사에 대한 평가 및 정리에 관한 교육적 의의를 알고 지도하는가?					
	6	부모의 행사에 대한 평가결과를 다음 프로젝트 활동이나 행사에 참고하려고 하는가?					
비고							

(2) 유아의 프로젝트 수행능력에 대한 평가

프로젝트 전 단계에 걸쳐 유아의 역할 수행을 중심으로 제작한 평가문항 25개는 다음 <표 4-4>와 같다.

〈표 4-4〉 프로젝트 수행능력 평가표(유아용)

<table>
<tr><td colspan="2">프로젝트 주제</td><td></td><td>활동기간</td><td colspan="5">년 월 일 ~ 월 일</td></tr>
<tr><td colspan="2">이 름</td><td></td><td>○○반</td><td colspan="5"></td></tr>
<tr><td rowspan="2">단계</td><td rowspan="2">번호</td><td rowspan="2" colspan="2">평가 기준</td><td colspan="5">평정척도
못함 ← → 잘함</td></tr>
<tr><td>1</td><td>2</td><td>3</td><td>4</td><td>5</td></tr>
<tr><td rowspan="4">준비단계</td><td>1</td><td colspan="2">주제에 관해 관심을 보이는가?</td><td></td><td></td><td></td><td></td><td></td></tr>
<tr><td>2</td><td colspan="2">주제에 관한 이야기를 할 때 주의를 기울이는가?</td><td></td><td></td><td></td><td></td><td></td></tr>
<tr><td>3</td><td colspan="2">새로운 프로젝트를 해보려는 의욕을 보이는가?</td><td></td><td></td><td></td><td></td><td></td></tr>
<tr><td>4</td><td colspan="2">변화된 교실환경에 관심을 갖는가?</td><td></td><td></td><td></td><td></td><td></td></tr>
<tr><td rowspan="8">시작단계</td><td>1</td><td colspan="2">주제와 관련해서 자신의 이전 경험이나 현재 지식을 표현하는가?</td><td></td><td></td><td></td><td></td><td></td></tr>
<tr><td>2</td><td colspan="2">주제에 관한 생각을 표현할 수 있는가?</td><td></td><td></td><td></td><td></td><td></td></tr>
<tr><td>3</td><td colspan="2">주제에 관한 생각들을 유목화 할 수 있는가?</td><td></td><td></td><td></td><td></td><td></td></tr>
<tr><td>4</td><td colspan="2">주제망을 구성하는 일에 참여하는가?</td><td></td><td></td><td></td><td></td><td></td></tr>
<tr><td>5</td><td colspan="2">구성된 주제망을 이해할 수 있는가?</td><td></td><td></td><td></td><td></td><td></td></tr>
<tr><td>6</td><td colspan="2">주제에 관한 궁금한 점을 질문하는가?</td><td></td><td></td><td></td><td></td><td></td></tr>
<tr><td>7</td><td colspan="2">질문 목록작성에 참여하는가?</td><td></td><td></td><td></td><td></td><td></td></tr>
<tr><td>8</td><td colspan="2">흥미유발 활동들을 통해 주제에 대해 더 관심을 갖는가?</td><td></td><td></td><td></td><td></td><td></td></tr>
<tr><td rowspan="5">전개단계</td><td>1</td><td colspan="2">문제에 대한 해결책을 예측할 수 있는가?</td><td></td><td></td><td></td><td></td><td></td></tr>
<tr><td>2</td><td colspan="2">문제해결을 위해 적극적으로 활동에 참여하는가?</td><td></td><td></td><td></td><td></td><td></td></tr>
<tr><td>3</td><td colspan="2">문제해결과정에서 알게 된 사실을 미술로 표현할 수 있는가?</td><td></td><td></td><td></td><td></td><td></td></tr>
<tr><td>4</td><td colspan="2">문제해결과정에서 알게 된 사실을 언어로 표현할 수 있는가?</td><td></td><td></td><td></td><td></td><td></td></tr>
<tr><td>5</td><td colspan="2">문제해결과정에서 알게 된 사실을 신체·음률로 표현할 수 있는가?</td><td></td><td></td><td></td><td></td><td></td></tr>
</table>

<table>
<tr><td rowspan="3">전개단계</td><td>6</td><td>문제해결과정에서 알게 된 사실을 수·과학으로 표현할 수 있는가?</td><td></td><td></td><td></td><td></td><td></td></tr>
<tr><td>7</td><td>현장작업(현장견학, 면담활동 등)에 적극적으로 참여하는가?</td><td></td><td></td><td></td><td></td><td></td></tr>
<tr><td>8</td><td>현장견학 후 프로젝트 주제 관련 활동을 다양한 표현방법을 동원하여 보다 확장·심화할 수 있는가?</td><td></td><td></td><td></td><td></td><td></td></tr>
<tr><td rowspan="5">마무리단계</td><td>1</td><td>마무리 행사계획 활동에 적극적으로 참여하는가?</td><td></td><td></td><td></td><td></td><td></td></tr>
<tr><td>2</td><td>마무리 행사를 위한 작품 준비에 적극적으로 참여하는가?</td><td></td><td></td><td></td><td></td><td></td></tr>
<tr><td>3</td><td>마무리 행사 때 자기역할을 잘 이행하는가?</td><td></td><td></td><td></td><td></td><td></td></tr>
<tr><td>4</td><td>마무리 행사 이후 평가에 능동적으로 참여하는가?</td><td></td><td></td><td></td><td></td><td></td></tr>
<tr><td>5</td><td>마무리 행사 이후 정리정돈에 능동적으로 참여하는가?</td><td></td><td></td><td></td><td></td><td></td></tr>
<tr><td>비고</td><td colspan="7"></td></tr>
</table>

05 Chapter

현장적용② : '로봇' 프로젝트

앞서 프로젝트 접근법의 실제 교실 적용을 위해 '나비' 프로젝트라는 예를 가지고 그 진행과정을 다루어 보았다. 5장에서는 '로봇' 프로젝트를 교실현장에서 실시하면서 그 적용과정에서 발생한 에피소드, 문제점, 유의점 등을 제시하고자 한다. 이는 프로젝트 접근법을 교육현장에서 시도해보려는 교사들에게 현실감 있는 정보를 주어 그 적용에 많은 도움을 주리라 본다.

'로봇' 프로젝트는 어린이집 만 5세 두 개 반 유아를 대상으로 실시되었다. 한 반의 유아 수는 20명(남아 11명, 여아 9명)이었고, 다른 반의 유아 수도 20명(남아 10명, 여아 10명)이었다. 실시기간은 2005년도 3월 셋째 주에서 4월 마지막 주까지 약 5주 정도에 걸쳐 이루어졌다. 어린이집의 프로젝트 교육은 주 3회, 오전 대집단 및 소집단 활동시간인 70여분 동안 진행되었다.

'로봇' 프로젝트 활동이 진행되는 순서는 다음 <표 5-1>에서 볼 수 있듯이 ①~⑭와 같았다.

〈표 5-1〉 프로젝트 진행단계에 따른 활동들

진행단계	활동들
준비단계	① 주제선정(예비주제망 구성, 자원목록 작성 및 필요한 자원 준비, 환경구성, 부모에게 알리기)
시작단계	② 경험나누기 ③ 생각모으기 ④ 유목화 ⑤ 주제망 구성 ⑥ 질문목록 작성 ⑦ 흥미유발 활동
전개단계	⑧ 문제해결의 모색 ⑨ 추후활동 ⑩ 현장견학
마무리단계	⑪ 마무리 행사준비 ⑫ 마무리 행사 ⑬ 마무리 행사 이후
평　가	⑭ 교사 및 유아의 프로젝트 수행능력에 대한 평가

1 준비단계

준비단계에서는 프로젝트 주제를 선정하고 선정된 주제와 관련해서 교사가 여러 가지 준비를 하게 된다. 즉 예비 주제망을 구성하고, 자원목록을 작성해서 필요한 자원을 준비하고, 환경을 구성하고, 그리고 부모에게 프로젝트 수업의 시작을 알리면서 협조를 구하게 된다.

(1) 주제선정

프로젝트 접근법에서는 어떤 주제가 선정되느냐에 따라서 앞으로의 수업방향이 설정되기 때문에 주제선정은 아주 중요하다. 유아의 흥미를 유발할 수 있는 유아의 일상생활과 관련된 주제를 정하도록 한다.

'로봇'을 프로젝트의 주제로 선정하게 된 배경은 다음과 같았다. 입학 후 얼마 지나지 않아 흥미영역에서 "재미있는 장난감이 많다!" 하면서 즐겁게 장난감 놀이에 열중하는 유아들이 많아졌다. 이에 교사는 아이들이 좋아하는 장난감과 관련해서 프로젝트를 시작하면 흥미 있어 할 것 같아 집에서 가장 좋아하는 장난감을 한 가지씩 가져오도록 했다. 유아들 각자 장난감을 소개하던 중 많은 아이들의 관심이 로봇을 가지고 온 몇몇 친구들에게 향했고, 가장 선호하는 장난감을 막대 그래프로 표현해 보도록 했을 때 로봇을 가장 좋아한다는 것을 확인하게 되었다. 그래서 로봇을 프로젝트의 주제로 선정하게 되었다.

<로봇 프로젝트 1>은 로봇을 주제로 선정하게 된 에피소드를 실은 것이다.

로봇 프로젝트 1

▸내가 좋아하는 장난감 소개하기

→내가 좋아하는 장난감을 집에서 한 가지씩 가져와 소개하는 시간을 가졌다. 로봇을 가져온 친구들에게 관심을 보였고, 로봇의 작동법이나 로봇의 무게, 어디서 났는지 등에 대해 이야기를 주고받는 아이들이 많았다.

▸내가 제일 좋아하는 장난감

→장난감 소개 이후 내가 제일 좋아하는 장난감은 무엇인지 한사람씩 나와 스티커를 붙여 막대그래프에 표시해 보았다. 퍼즐, 솜인형, 레고블럭, 공주인형…… 이들 중 막대가 가장 길었던 항목은 로봇으로 나타났다.

① 예비 주제망 구성

프로젝트 활동을 시작하기 전에 교사는 선정된 주제에 대한 교사 자신의 경험, 지식, 아이디어 등을 가지고 주제 관련 개념을 떠올리면서 학습내용 및 활동의 기본적인 윤곽이나 방향을 예상하는 상상망, 즉 예비 주제망을 구성해 본다.

다음의 <로봇 프로젝트 2>의 상상망은 5세반 두 명의 교사가 예비 주제망에 대한 윤곽을 잡고 난 다음, 전체 교사회의 시간에 앞으로 5세반이 '로봇' 프로젝트를 할 것임을 모든 교사들에게 알리고 이들과 함께 '로봇' 프로젝트 활동에 대해 브레인스토밍한 것을 참고해서 작성한 예비 주제망이다. 브레인스토밍 하는 과정을 예로 들면, 어떤 교사가 "음료수 중에 '뼈장군' 선전할 때도 로봇 나오던데……"라고 말하자, 다른 교사가 "아~!! 그거 '로봇' 영화에 나오는 주인공들이에요." 하고 말을 이어갔고, 또 다른 교사가 "그 비디오 보면 좋겠다."라고 말하자, 다른 반 교사가 "우리 반 유민이 아빠가 비디오가게 하시잖아. 여쭤볼게!!" 등과 같은 식으로 서로 생각을 모았다. 이런 식의 생각모으기가 예비 주제망을 짜는데 많은 도움을 주었다. 추후에는 이들 교사들로부터 실제적인 도움, 즉 필요한 자원을 빌려 받고, 현장견학 장소를 물색하는데도 도움을 받았다.

로봇 프로젝트 2

▸교사의 예비 주제망 구성

로봇

▷ 종류
선가드, 휴보, 아시모, 파워레인저, 우주탐사 로봇, 변신 로봇, 깡통 로봇…….

▷ 재료
배터리, 컴퓨터, 고철, 알루미늄, 색…….

▷ 느낌
멋있다, 부럽다, 재밌겠다, 차갑다, 편리하다…….

▷ 파는 곳
백화점, 인터넷, 시장, 문방구, 전시장…….

② 자원목록 작성 및 필요한 자원준비

예비 주제망에 따라 주제가 전개된다면 어떤 자원이 필요할 것인지 예상되는 자원을 조사하고, 이들을 자원목록으로 작성해서 추후에 활용하도록 한다. 가능한 한 필요한 자원도 일부 마련해 둔다.

아래 <표 5-2>는 '로봇' 프로젝트 자원목록은 지옥정(2006)을 참고하여 실제 준비한 자원을 제시한 것이다. 준비단계 처음부터 모든 자원을 목록으로 작성하기 보다는 프로젝트 활동을 진행하면서 점차 추가해 나가기로 하였다. 아이들은 정보를 주는 책보다 보기 쉬운 동화책에 호기심이 많았고, 『Why 로봇』책은 로봇의 컬러사진과 함께 만화책처럼 그 내용이 구성되어 프로젝트 진행과정 내내 인기가 많았으며, 가정에서 따로 구입한 유아들도 있었다.

〈표 5-2〉 '로봇' 프로젝트 자원목록표

		'로봇' 프로젝트 자원목록	실제 준비한 자원
1차적 자원	실 물 (장난감)	다양한 로봇 장난감	· 선가드 · 파워레인저 · 조립 로봇
	인적자원	로봇 장난감 판매직원 로봇 전문가	로봇 박물관 안내원
	현장학습 장소	로봇 박물관 (http://www.robotmuseum.co.kr)	예매
2차적 자원	정보를 주는 책	· Why? 로봇 - 조영선, 이영호 역, 예림당, 2005 · 퀴즈! 과학상식 로봇 - 도기성, 글송이, 2006 · 헬로우 로봇 - 오준호 역, 을파소, 2005 · 로봇 이야기 - 김문상, 살림, 2005 · 나는 멋진 로봇 친구가 좋다 - 이인식, 랜덤하우스 중앙, 2005 · 제2의 인간로봇 - 김선희, 주니어김영사, 2006 · 로봇 - 이억주 역, 럭스미디어, 2004	· Why 로봇 · 퀴즈! 과학상식 로봇
	동화책	· 로봇 임금님 - 비룡소 · 꼬마 로봇 스누트의 모험 - 더북 컴퍼니 · 로봇친구 - 웅진주니어 · 내친구 로봇 대니 1호 - 아이세움 · 안녕! 심부름 로봇 - 채우리 · 로봇 나라 도깨비 대통령 - 푸른책들	· 로봇 임금님 · 로봇친구 · 꼬마 로봇 스누트의 모험
	사진 및 그림자료	· 여러 종류의 로봇사진 · 우리나라 휴보사진	여러 종류의 로봇 사진, 휴보 사진
	녹음 테이프	태엽 감는 로봇소리	태엽 감는 로봇, 녹음기
	비디오	· 영화 '로봇' · 비디오 '지구용사 선가드'	비디오 '로봇'
	CD-ROM	로봇 태권V 영상 CD (인터넷 사이트-http://www.pandora.tv)	

③ 환경구성

주제에 자연스럽게 접근하기 위하여 교실 곳곳에 주제 관련 환경을 구성한다. 각 흥미영역, 벽면이나 천장, 복도 등에 주제 관련 자원이나 사진을 전시한다. 처음부터 모든 환경을 마련해 주는 것보다 프로젝트를 진행하면서 적절한 때에 추가해 주는 것도 좋다.

본 프로젝트에서 하순련과 오영희(2001)의 '환경구성'을 참고하고 실제 준비한 자원을 기초로 해서 작성한 아래 <표 5-3> '로봇' 프로젝트 환경구성표를 교실 벽에 게시해 놓았다. 환경구성표의 빈 란은 활동이 전개되면서 추가로 보충하기 위해 마련된 것이다. 예컨대 준비단계에서는 주로 교사가 환경을 제공해주지만, 이후 진행과정에서는 부모들도 자원을 보충해주기 때문에 유아·부모란이 비어 있다.

〈표 5-3〉 '로봇' 프로젝트 환경구성표

흥미 영역	제공자	기본환경구성	추가되는 자료		
		준비단계	시작단계	전개단계	마무리단계
언 어	교 사	<책> Why? 로봇, 퀴즈! 과학상식 로봇, 로봇 임금님, 로봇 친구, 꼬마 로봇 스누트의 모험 <교구> 멋쟁이 로봇, 수수께끼 카드 <벽면> 여러 종류의 로봇들, '로봇' 동시, 조립 로봇 만드는 순서와 그림			
	유아·부모				

흥미 영역	제공자	기본환경구성	추가되는 자료		
		준비단계	시작단계	전개단계	마무리단계
조 작	교 사	<교 구> 사각 퍼즐, 로봇 조립하기, 선가드 로봇 변신시키기, 로봇 공구 세트(어린이용 망치, 나사……), 로봇 크기 순으로 배열하기			
	유아 · 부모				
역 할	교 사	· 로봇 가면 놀이 · 우주복			
	유아 · 부모				
쌓 기	교 사	· 블록류 - 레고 블록으로 로봇 구성하기, 벽돌 블록으로 로봇기지 쌓기			
	유아 · 부모				
조 형	교 사	· 로봇 도안 색칠하기 · 로봇 가면 만들기 · 내가 좋아하는 로봇 그리기 · 골판지에 로봇 그려 찍기			
	유아 · 부모				
수 · 과학	교 사	<관 찰> · 로봇의 생김새 관찰하기 · 로봇의 움직이는 원리 관찰하기 <교 구> · 전류의 세기 실험			
	유아 · 부모				

④ 부모에게 알리기

프로젝트 활동을 효과적으로 진행하기 위해서는 부모들에게 프로젝트 교육의 목적, 선정된 주제, 활동방향, 부모의 협조가 필요한 자원 등을 알려야 하고, 이에 대한 교육계획안은 알림장을 통해 가정으로 보낸다.

알림장을 통해 가정으로 보낸 '로봇' 프로젝트 교육계획안은 다음과 같다(로봇 프로젝트 3 참조). 이러한 교육계획안에 편지형식을 빌어 부모에게 정중하게 자원을 요청할 수도 있다. 예컨대, 알림장에 필요한 자원을 열거한 후 '가정에서 가지고 계신 자료가 있으면 어린이집으로 보내주세요. '로봇' 프로젝트 후 다시 가정으로 돌려보내겠습니다. 이들 자원 외에도 로봇 주제와 관련된 어떤 자원이든지 환영합니다. 많은 관심과 협조 부탁드립니다. 감사합니다^^'라는 문구를 넣으면 된다. 이렇게 가정에서의 협조는 부모들도 유아들의 교육활동에 관심을 갖게 되는 계기가 될 것이다.

로봇 프로젝트 3

아동명		우리들의 선생님	맑은 강반 권민화 선생님 뭉게구름반 배미희 선생님

2차 프로젝트 활동 주제

로봇

주제 선정 배경

입학 후 얼마 지나지 않아 흥미영역에서 "재미있는 장난감이 많다!" 하면서 즐겁게 장난감 놀이에 열중하는 유아들이 많아졌습니다. 이에 교사는 아이들이 좋아하는 장난감과 관련해서 프로젝트를 시작하면 흥미 있어 할 것 같아 집에서 가장 좋아하는 장난감을 한 가지씩 가져오도록 했지요. 유아들 각자 장난감을 소개하던 중 많은 아이들의 관심이 '로봇'을 가지고 온 몇몇 친구들에게 향했고, 가장 선호하는 장난감을 막대그래프로 표현해보도록 했을 때도 '로봇'을 가장 좋아한다는 것을 확인하게 되었습니다. 그래서 '로봇'을 프로젝트의 주제로 선정하게 되었습니다.

예상되어지는 활동시간
3월 3주(3/20) ~ 4월 4주(4/30)

미리 만들어 본 예비 주제망

로봇

▷ 종류
선가드, 휴보, 아시모, 파워레인저, 우주탐사 로봇, 변신로봇, 깡통 로봇 ……

▷ 느낌
멋있다, 부럽다, 재밌겠다, 차갑다, 편리하다……

▷ 재료
배터리, 컴퓨터, 고철, 알루미늄, 색……

▷ 파는 곳
백화점, 인터넷, 시장, 문방구, 전시장……

구립 해바라기 어린이집 Tel. 2647-6784
http://sunflower.kidis.co.kr

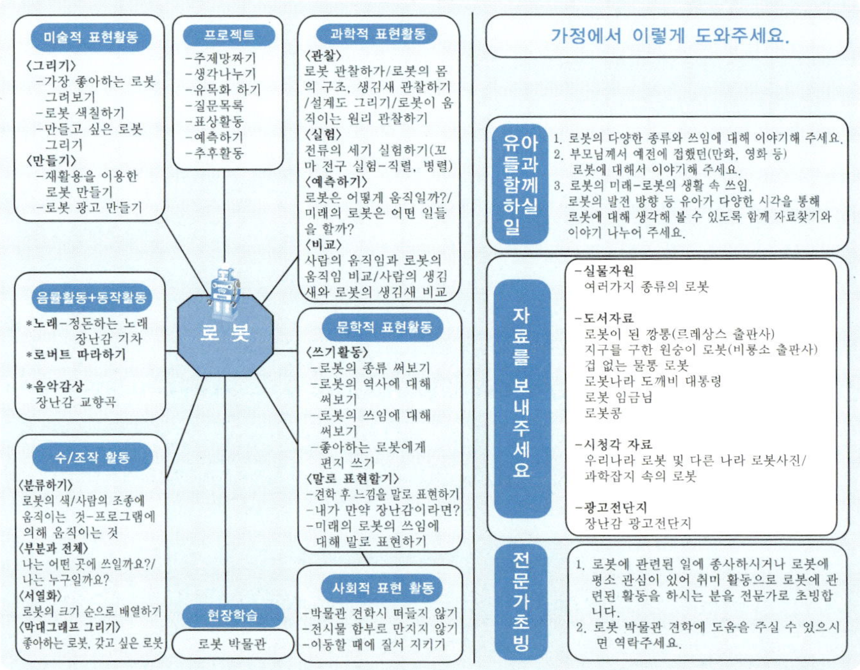

2 시작단계

주제를 중심으로 교사가 나름대로 준비작업(예비 주제망 짜기, 자원목록에 따른 자원준비, 환경구성, 부모에게 알리기 등)을 마치게 되면 프로젝트를 본격적으로 시작하는 단계에 들어가게 된다. 앞으로 전개될 시작단계의 여러 활동들의 활성화를 위해서는 지금까지의 교사의 면밀한 준비작업이 필수적이라 할 수 있다.

(1) 경험나누기

교사는 유아들의 대집단 모임 시간에 선정된 주제와 관련된 이전 경험과 현재 지식을 서로 나누고 그것을 이야기, 그림, 글, 만들기 등으로 표현해 보도록 안내한다. 경험이나 지식을 떠올리기 위해 교사가 먼저 주제와 관련된 질문을 하거나 자신의 이야기를 하게 되면 유아 역시 자신의 경험이나 지식을 떠올리게 되는 경우가 많다.

<로봇 프로젝트 4>는 로봇에 대한 경험을 그림으로 표현해 보도록 유도하는 장면이다.

로봇 프로젝트 4 그리기를 통한 표현

교사는 선정된 '로봇' 주제를 다시 회상시키고 난 후 프로젝트를 시작할 것임을 알렸다. 아이들이 가져온 장난감 중 로봇을 중심으로 서로 주고받은 이야기는 다음과 같았다.

교: (로봇 장난감 들며) 이건 뭐니?
유1: 성문이가 좋아하는 장난감이요~!!
성문: 아빠가 생일날 선물로 사주셨어요. 집에도 또 있어요. 그건 형 것이에요.
유2: 선가드(로봇) 나도 있어~!!
유3: 나는 변신하는 로봇도 있어~!!
교: 그래? 너희가 가지고 있는 로봇이 많구나.
유1: 움직이는 로봇도 있어요.
교: 그렇구나, 너희가 알고 있는 로봇이나 어디서 본 로봇에 대해서 그림을 그려보면 어떨까?
유2: 좋아요~!!
교: 그림을 그리고, 그림에 대해 설명도 써 주면 좋겠구나…….

→TV에서 움직이면서 청소하는 로봇을 본 적 있다는 유아의 그림이다.

(2) 생각모으기(브레인스토밍)

유아들은 '경험나누기'를 한 후 주제와 관련되어 생각나는 단어가 어떤 것들이 있는지에 대해 브레인스토밍하게 된다. 이 때 유아가 여러 가지 생각을 해서 다양한 단어들이 나오도록 교사는 유도해야 한다.

아래 <로봇 프로젝트 5>에서 볼 수 있듯이, 로봇의 종류에 대해서만 계속 이야기가 전개되어 교사는 유아들 대화에 개입해서 로봇을 파는 곳이나 로봇에 대한 느낌 등에 대해서도 생각해 볼 수 있도록 도와주었다.

로봇 프로젝트 5 생각모으기

교: 오늘은 로봇에 대한 너희의 생각들을 모아 볼거란다. 음~~!! 선생님은 로봇 하니깐 '태권V 로봇'이 생각난다. 여기 종이에 '태권V 로봇'이라고 적어볼게.
유1: 어~!! 저는 선가드
유2: 파워레인저~!!
유3: 휴보!
유4: 마징가Z…….
교: 그래. 너희가 로봇에 대한 생각을 많이 이야기해 주었구나. 그런데 얘들아~ 로봇장난감은 어디서 살 수 있을까?
유5: 문방구
유6: 이마트(대형마트)…….
유4: 이마트에 좋은 로봇 진짜 많아. 선생님~ '좋다~!!' 써도 돼요?
교: 그럼. ○○친구(유4)는 로봇하면 '좋다'는 느낌이 드는구나.
유7: 딱딱하다.
교: 그래. 이렇게 로봇하면 떠오르는 것, 알고 있는 것들을 글(단어)로 쓰거나 그림(글자를 쓸 수 없는 친구인 경우)을 그려 보도록 하자.

→대집단으로 모여서 상호작용이 끝나면, 자리로 돌아가 생각나는 것들을 한 가지씩 작은 쪽지에 적어서 모아본다.

(3) 유목화

개별적으로 쓴 '생각모으기' 종이들을 같은 범주끼리 분류하는 유목화 과정을 밟게 된다. 또한 유목화 과정 중에 새로 생각난 단어들이 나올 수 있어 교사는 이들도 함께 포함시킬 수 있도록 이끌어 주어야 한다.

<로봇 프로젝트 6>은 교사와 유아가 함께 유목화하고 있는 과정을 제시한 것이다. 이러한 유목화 활동은 유아들의 분류 능력을 기르는 좋은 기회가 될 수 있다.

로봇 프로젝트 6 유목화

교: 지금 너희가 생각모으기를 한 종이들을 갖고 있어요. 이제부터 이것들을 가지고 서로 비슷한 것끼리 묶어 큰 종이에 붙이도록 할 거란다.

유1: 내 것부터 붙여요~!!

교: 어디보자. ○○친구(유1)는 선가드, 마징가Z, 우주탐사 로봇을 적었구나. 여기(큰 종이에 붙이며)에 붙여보자. 이것들은 무엇이라고 말할 수 있을까?(잠시동안 조용해졌고, 교사가 다시 말을 꺼낸다.) 로봇의 종류에 관한 것들이 있으면 같이 붙여 보자.

유2: '종류'라고 적어줘요.

교: 그래. 좋은 생각이구나. ○○친구(유2), 친구가 나와서 적어주자.

유3: 이마트, 문방구, 백화점⋯⋯ 붙여요.

교: 그래, 붙여보자. ○○친구(유3) 친구가 붙인 이마트, 문방구, 백화점 같은 것을 무엇이라 하면 좋을까?

유4: 로봇을 살 수 있는 곳.

유5: 그건 너무 길어~.

유6: 로봇 파는 곳.

유4: 좋다! '파는 곳'이라 해요.

교: 그래. 그럼 '파는 곳'이라고 ○○친구(유4) 친구가 적어주자.

유5: 인터넷에서도 로봇을 살 수 있는데⋯⋯.

교: 그렇구나. '생각모으기' 때 안 나왔었는데⋯⋯. ○○친구(유5), 친구가 적어서 붙여 보자.

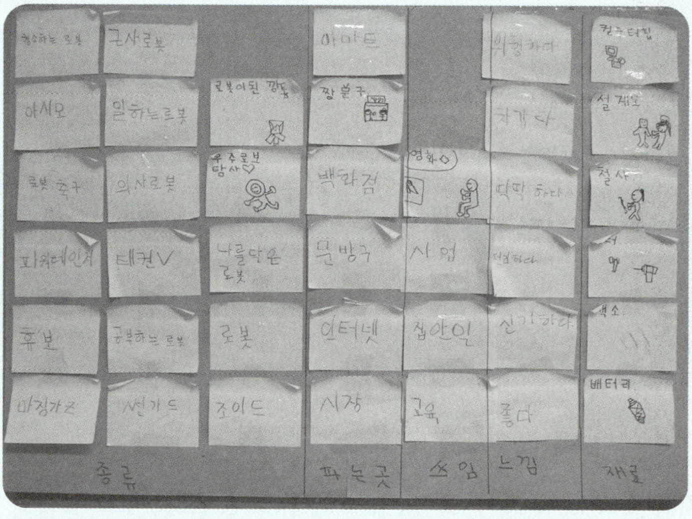

(4) 주제망 구성

유목화 작업이 끝나면 주제망을 짜본다. 처음 주제망을 짤 때는 어려워 교사와 전체 유아가 함께 짜는 것이 효과적이나 프로젝트가 여러 번 거듭됨에 따라 모둠별 주제망, 개별 주제망으로 발전해 나갈 수 있다. 완성된 주제망은 벽면이나 게시판에 부착되도록 해서 앞으로 전개될 프로젝트 전체 활동의 준거가 되도록 한다.

<로봇 프로젝트 7>의 주제망을 벽면에 게시해 두었을 때 학급 전체 유아들이 오며 가며 들여다보면서 관심을 가졌다. 이러한 주제망을 구성하는데, 교사는 이전 준비단계에서 미리 짜두었던 예비 주제망을 교사 나름대로 활용할 수 있었다. 예비 주제망은 유아의 생각이나 경험을 확장시키는 일을 도울 수 있는 준거가 되므로 교사가 예비 주제망 관련 이야기를 몇 가지만 제시해줘도 유아의 생각이 활성화될 수 있다. 물론 교사가 예상했던 대로 진행되지 않아 특정부분에 대해 잘 모를 수도 있다. 이 경우 교사는 관련 지식을 빨리 찾아서 유아가 관심을 가지는 쪽으로 안내·지도해 나가도록 해야 할 것이다. 교사의 융통성이 요구된다.

로봇 프로젝트 7 주제망

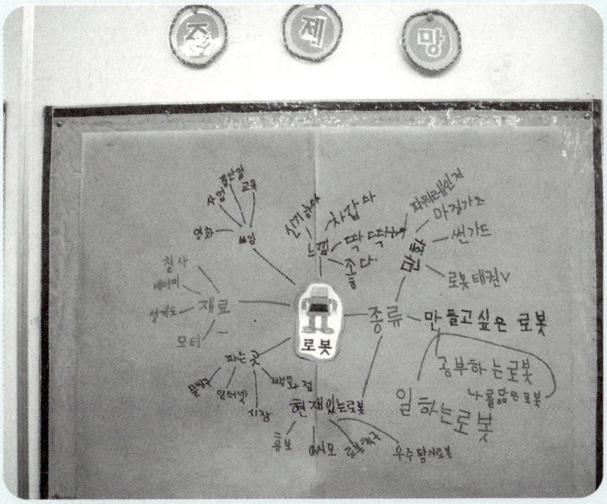

→완성된 주제망을 벽면에 게시하여 유아들 상호간에 생각을 공유하게 한다.

(5) 질문목록 작성

유아의 질문은 다음의 전개단계의 활동방향을 거의 결정짓는 주요 역할을 한다. 교사가 유아의 질문제기를 도와주기 위해서는 그들의 호기심을 불러일으키는 방법들, 예컨대 '궁금이' 상자(질문상자) 이용, 매력적인 질문종이 이용, 교사의 모델링…… 등을 동원하는 것도 효율적이다. 만약 너무 어리거나 처음으로 시도하는 프로젝트인 경우에는 가정에서 부모님과 함께 주제와 관련된 질문을 적어오게 할 수도 있다.

<로봇 프로젝트 8>에서 볼 수 있듯이, 유아들의 로봇에 대한 질문거리들은 아주 많았으며, 이는 로봇에 대한 관심과 흥미를 반영한다고 볼 수 있다. 그런데 한 가지 문제점은 '로봇' 프로젝트가 학기 초 처음으로 시도되었기 때문에 글쓰기가 서툰 유아들이 상당히 있었다는 것이다. 질문을 쪽지에 그림으로 표현해서 궁금이 상자에 넣은 이들 유아들은 나중에 그 궁금이 상자를 열 때 그 그림의 의미를 모르거나 잊는 수가 많았다. 그림 밑에 질문의 내용을 교사가 기입하거나, 모둠별로 한 명씩 도우미 친구를 정해 도와주도록 해도 좋을 것이다.

로봇 프로젝트 8 질문거리들

로봇은 어떤 모습으로 움직일까요?, 로봇은 어떤 일을 할 수 있나요?, 로봇도 밥을 먹나요?, 어떤 로봇이 더 많은 일을 할 수 있나요?, 휴보와 아시모의 차이점은 뭐예요?, 밥하는 로봇도 있나요?, 노래하는 로봇도 있나요?, 로봇은 왜 튼튼한가요?, 어떻게 다리가 움직일까요?, 팔꿈치는 왜 구부리지 못할까요?, 로봇이 제일 조심해야 할 것은 무엇인가요?

(6) 흥미유발 활동

프로젝트 활동의 흥미를 더하기 위해 다양한 활동을 안내해 준다. 교사는 지금까지의 진행과정이 어떠했는지를 회상하면서 자원 목록표나 교육계획안 등을 참고해서 영역별 자원 활용하기, 교실 바깥에서의 실제 경험하기, 작품 만들기, 시청각 자료 활용하기 등과 같은 주제 관련 활동들을 해보도록 안내할 수 있다.

<로봇 프로젝트 9>에서 볼 수 있듯이, 맨 처음 프로젝트 시작을 어린이집 교사들에게 알리면서 다른 반 교사의 학부모가 빌려준 로봇 비디오를 시청하였고, 유아가 좋아하는 로봇도 그렸다.

로봇 프로젝트 9

흥미유발 활동 - 시청각 자료(로봇 비디오) 보기

→비디오 로봇을 보면서 "재밌어요~", "우리 '로봇' 프로젝트 하지요? 아!! 신난다~!!" 하면서 로봇에 대한 관심이 더욱 높아졌다.

흥미유발 활동 - 미술활동(내가 좋아하는 로봇 그려보기)

→어떤 유아는 장난감 로봇을 종이 위에 눕혀 굴곡을 대고 그렸다.

"로봇을 그려보고 싶구나. 너희가 좋아하는 로봇의 모양을 보고 그려보자~."

진지하게 로봇을 보면서 그리는 모습이다.

3 전개단계

전개단계는 이전의 시작단계에서 작성된 질문거리에 대해 그 해결책을 강구해서 해결을 하는 단계이다. 물론 유아 중심의 유아 주도적인 활동이 모색되어야 한다.

(1) 문제해결의 모색

문제해결의 모색은 '예측활동'과 '문제해결활동'으로 이루어진다. '예측활동'은 질문에 대한 해결책을 예측해 보는 활동으로 이야기, 글, 그림, 극화놀이 등으로 표현해 보도록 한다. '문제해결활동'은 유아가 문제를 직접 해결하는 활동으로, 전문가나 가족 및 주변 사람들과 면담, 관찰 및 실험, 책, 인터넷 등을 통해 해결하는 경우가 많다. 유의해야 할 점은 유아가 주도적인 역할을 하고, 교사는 유아를 도와주고 안내해야 한다.

문제해결의 모색(예측활동과 문제해결활동)에 관한 예들은 <로봇 프로젝트 10, 11, 12, 13>에서 사진자료와 함께 제시했다.

(2) 추후활동

문제해결을 예측하고 해결하는 과정에서 알게 된 것을 표현하는 활동이다. 교사는 되도록이면 언어, 미술, 수・과학, 신체・음률, 극화놀이 등의 모든 영역의 활동으로 나타낼 수 있도록 도와주어야 한다.

추후활동에 관한 예들은 <로봇 프로젝트 10, 11, 12, 13, 14>에서 사진자료와 함께 제시했다.

로봇 프로젝트 10 질문거리: 로봇은 어떤 모습으로 움직일까요?

▸문제해결의 모색

-예측활동: 로봇 장난감을 보면서 "선가드(로봇 장난감) 움직이면 재밌겠다~", "로봇은 움직이면 이상해~", "맞어~!! 딱딱해 보이지~" 하면서 움직이는 모습을 궁금해 했다. 블록으로 로봇을 만들어 어떤 움직임을 나타낼지 조작해 가면서 예측해 보았다.

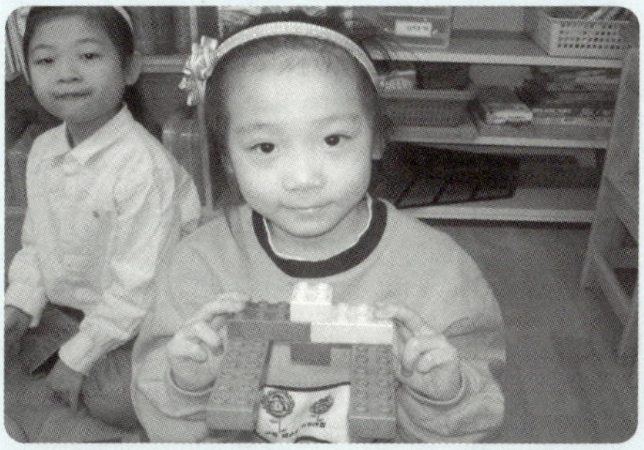

→"팔꿈치가 없으니깐 팔이 통째로 움직여요. 이렇게(만든 로봇 조작하며)" 하고 발표한 유아의 모습이다.

-문제해결활동→집에서 알아오기: 마침 움직이는 로봇을 가지고 있던 친구가 다음날 움직이는 로봇을 가져왔다. 모두들 숨죽이며 로봇의 움직임을 관찰하였다.

▸추후활동

-신체표현: 로봇 따라 움직이기

→로봇의 팔, 다리 움직임을 따라하고 있어요.

로봇 프로젝트 11 질문거리: 휴보와 아시모의 차이점은 뭐예요?

▸문제해결의 모색

-예측활동: 아이들은 로봇 사진자료들을 접하면서 우리나라 로봇 휴보와 일본 로봇 아시모에 대해 궁금해 했고, 사진들을 보면서 "휴보~", "아시모가 키가 더 작다." 하면서 이야기하였다. 그림으로 예측해 보았다.

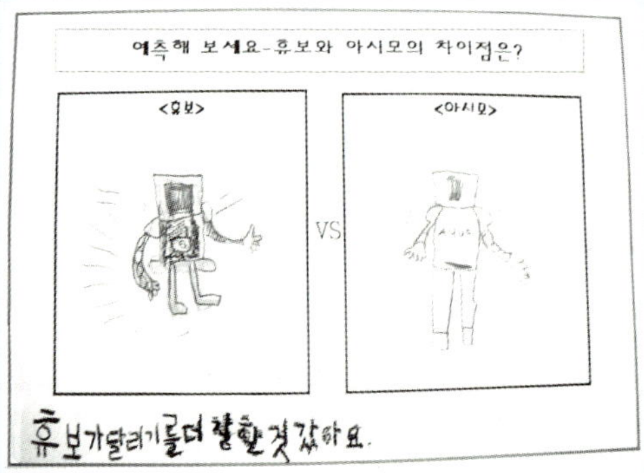

-문제해결활동 → 책 찾기: 『Why 로봇』이라는 과학책을 통해 휴보와 아시모의 차이점을 알 수 있었다. 예상했던 것과 달리 키는 똑같았고, 휴보는 달리기가 불가능했지만 아시모는 가능했다. 찾은 자료를 게시해 두었다.

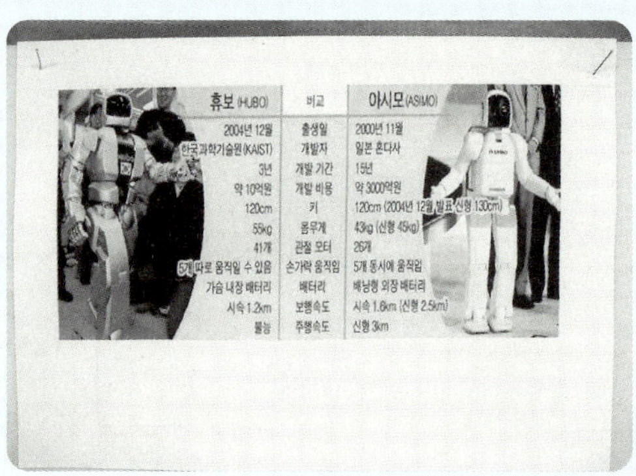

휴보(HUBO)	비교	아시모(ASIMO)
2004년 12월	출생일	2000년 11월
한국과학기술원(KAIST)	개발자	일본 혼다사
3년	개발 기간	15년
약 10억원	개발 비용	약 3000억원
120cm	키	120cm (2004년 12월 발표 신형 130cm)
55kg	몸무게	43kg (신형 45kg)
41개	관절 모터	26개
5개 따로 움직일 수 있음	손가락 움직임	5개 동시에 움직임
가슴 내장 배터리	배터리	배낭형 외장 배터리
시속 1.2km	보행속도	시속 1.6km (신형 2.5km)
불능	주행속도	신형 3km

▶ 추후활동

-미술활동: 휴보 만들기(로봇 프로젝트 12, 13 참고)

→우리가 만든 휴보와 기념사진을 찍었어요.

로봇 프로젝트 12

▶미술활동: 휴보 만들기 1

휴보 설계하기

교: 휴보를 어떻게 만들면 좋겠니?

유1: 휴보와 똑같은 키랑 모양으로 만들어요.

유2: 그래요~!! 철로 만들어요. 로봇은 원래 딱딱해야 해.

유1: 플라스틱도 딱딱해.

유3: 유리도 딱딱한데.

교: 그래, 휴보는 로봇이니깐 딱딱한 재료로 만들면 좋겠구나. 하지만, 유리는 깨지면 위험할 것 같구나. 철이나 플라스틱은 서로 붙일 때 어려울 것 같고, 너희가 가져온 두꺼운 상자들을 이용해 보면 어떻겠니?

유2: 좋아요!! 상자는 테이프도 잘 붙어요.

유1: 풀도 잘 붙을 거야~!!

교: 그럼, 휴보를 만들기 전에 설계해 보자.

유4: 설계가 뭐예요?

교: 정확하게 만들기 전에 미리 재료나 모양을 계획해보는 거란다.

유5: 아~!! 그림 그려서 해봐요.

↳역할 분담하기

(그린 그림을 나와서 발표한다.)

교: 자~ 내일부터 휴보를 만들기 시작하자. 어떻게 분담해서 만들면 좋을까?

유6: 머리, 팔 이렇게 나눠요~.

유7: 우리는 4모둠이잖아~!! 머리, 팔, 다리, 허리로 나눠요~(전체 인원 20명을 5명씩 4모둠으로 나누었음).

유8: 그래요~!!

교: 그래~ 좋아~!! 어떤 모둠이 머리를 맡아 만들어 볼까요?
(로봇의 부위별로 맡아 만들 조를 정한다.)

↳조별 만들기

머리 만드는 모둠

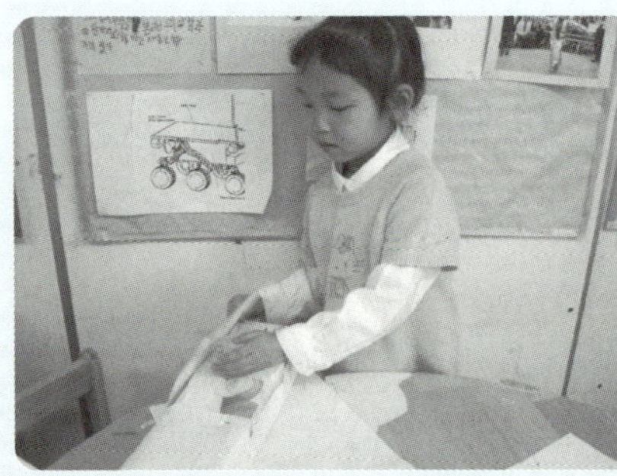

팔 만드는 모둠

허리 만드는 모둠

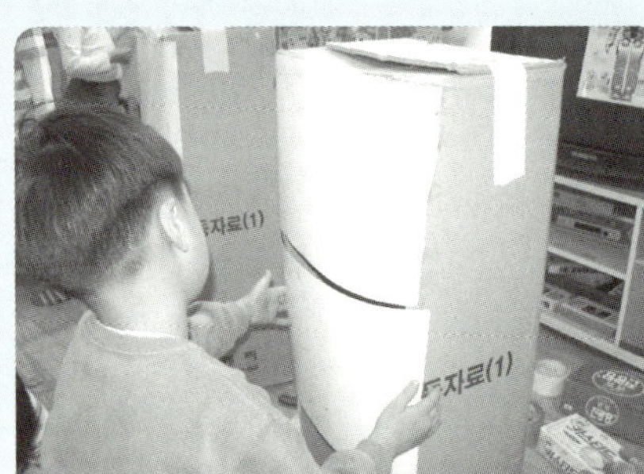

다리 만드는 모둠

로봇 프로젝트 13

▸미술활동: 휴보 만들기 2

↳부위별 모양(머리, 팔, 허리, 다리)을 양면 테이프로 연결해서 붙이기

↳연결된 로봇을 마당으로 갖고 나가 은색 락커칠 하기

락커칠을 한 로봇에 검은색 도화지로 머리와 가슴부위를 덧붙여 꾸며 준다.

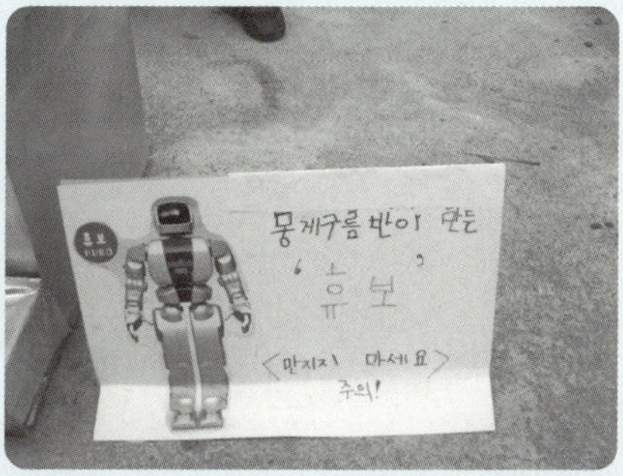

휴보를 알리는 판넬을 만들어 함께 전시한다.

↳기념사진 촬영하기

→기념사진 촬영을 하며 로봇이 완성된 기쁨을 나누었다. 완성된 로봇은 '로봇' 프로젝트가 끝날 때까지 전시했고 부모님께 알림장을 통해 알렸다. 엄마와 유아는 등/하원 시 휴보에 대해 자연스럽게 이야기 나누는 기회를 가지게 되었다.

로봇 프로젝트 14

▸언어활동: 휴보에게 느낌이야기 하기

'휴보'를 만들고 대그룹 시간에 그 느낌을 발표해 보면서 또 다른 추후활동으로 '휴보에게 편지쓰기'가 유아에 의해 제시되었다. 다음은 교사-유아 상호작용이다.

교: 선생님은 너희와 이렇게 휴보를 만들어 전시해놓으니, 참 뿌듯하고 자랑스럽단다.
너희는 어떤 기분이 드니?
유1: 휴보가 살아있는 것처럼 기뻐요~!!
유2: 하늘을 날아갈 것 같아요~!!
교: ^^ 그렇구나~ 우리가 만든 휴보에게 할말은 없나요?
유3: 휴보야, 사랑해~!!
교: 또? 너희가 하고 싶은 말을 해보자~!!
유4: 휴보야, 네가 밖에 있으니깐 우리 해바라기 어린이집을 지켜줘~.
유5: 편지 써도 되겠어요~.
교: 하하하. 그래, 우리 휴보에게 할 말을 편지 써볼까?
유: 네!~~!!

곧바로 한글문서를 이용해 편지지를 만든 후 아이들과 함께 활동해 보았다.

▸언어활동: 휴보에게 편지쓰기

편지지를 가지고 자리로 돌아가 편지를 써 본 후, 편지 내용을 발표해보고 전시한다.

이처럼 프로젝트가 진행되어 가면서 전혀 예상하지 못했던 새로운 자원이 요구되기도 한다. 따라서 교사는 프로젝트가 이루어지는 동안 항상 활동방향에 유의하면서 적절한 자원을 때에 따라서 충원해주는 노력을 기울여야 한다. 이것은 프로젝트를 활성화시키는데 큰 도움을 준다.

(3) 현장견학

현장견학을 통해 유아들은 프로젝트 활동을 활성화시키는 기회를 갖게 된다. 무엇보다 현장견학 전·중·후 활동 각각에 대한 철저한 준비가 필수적이다.

<로봇 프로젝트 15>는 현장견학 전·중·후 활동을 제시해 놓은 것이다. 현장견학 전에는 유아들이 견학동안 무엇을 하고 무슨 정보를 얻을 것인지를 글이나 그림으로 예상해 보게 하였다. 또한 현장견학지에서 해야 할 관찰 및 조사하기, 질문하기, 간단히 기록하기, 물품 수집해오기 등을 어떻게 해야 하는지 그 준비를 위한 시간도 가졌다. 또한 현장견학 후에도 기억에 남는 것, 알게 된 사실 등을 추후활동처럼 다양한 방법으로 표현해 보도록 했다.

현장견학은 일반적으로 전개단계에서 이루어지지만 전개단계 이전이나 마무리단계에서 갈 수도 있다. 유아들의 흥미나 관심 정도, 원 사정 등에 따라 그 시기가 달라질 수 있으므로 특정 시기를 반드시 고집할 필요는 없다. 심지어 프로젝트 시작 전에 이루어진 견학이 프로젝트를 시작하게 하는 계기를 만든 적도 있었다. 예를 들어, 기차여행을 다녀와서 기차의 좌석 모양, 기차 소리 등에 대해 유아들이 관심 있게 대화하는 것을 보고, '기차' 프로젝트를 시작했었다.

로봇 프로젝트 15

▸현장견학 전 활동

→로봇 박물관 견학을 앞두고 로봇 박물관에 가면 어떤 로봇들을 볼 수 있을지 그려보았다. 아시모 로봇을 볼 수 있을 거라고 예측해 본 아동의 그림이다.

▸현장견학 활동: 로봇 박물관 방문

우리가 예측했던 아시모, 휴보 로봇은 볼 수 없었지만 악기를 연주하는 로봇, 청소하는 로봇 등 여러 로봇을 봤어요. 박물관 내 현장 전문가의 도움을 받아 리모컨으로 움직이는 로봇을 조작해 보는 경험도 가졌어요.

▸현장견학 후 활동

→견학을 다녀와서 로봇 박물관 입장권을 붙이고, 가장 기억에 남는 일을 표현해 보도록 했다. 리모컨을 조작해 로봇이 컵을 던지도록 해본 것이 좋았다고 한 유아의 그림이다.

4 마무리단계

그동안 진행해 온 프로젝트 전 과정을 되돌아보며 정리 · 평가해 보면서 재창조의 기회를 가진다.

(1) 마무리 행사준비

교사와 유아는 프로젝트 활동을 종결시킬 때가 되었다고 보면 그동안 성취해 온 학습을 축하하기 위한 마무리 행사, 즉 발표회나 전시회에 대해 토의 · 계획한 후 행사준비를 하게 된다. 그러나 반드시 전시회나 발표회 형식을 빌어야만 하는 것은 아니다. 어떤 식으로든 프로젝트 활동의 원래 목적을 그동안의 과정을 통해 확인하고 점검 · 정리해 보는 시간을 가지면 될 것이다.

다음 <로봇 프로젝트 16>은 마무리 행사를 앞두고 전체 모임시간에 마무리 행사를 준비해야 함을 토의하면서 상호 작용했던 에피소드이다. <로봇 프로젝트 17>에서는 모둠토의 결과 마무리 전시회 행사(주제: 로봇 박물관)를 가지게 되었으며, 유아가 만든 로봇으로 교실꾸미기, 초대장 보내기 등의 활동들을 했던 장면이다.

로봇 프로젝트 16

▸전체토의

지금까지 '로봇' 프로젝트에 참가한 유아들의 관심이 이전보다 적어지고, 교사 역시 준비단계에서 설정한 주요개념이나 예상활동, 질문에 대한 해결 등이 충분히 다루어졌다고 판단되었다. 그리하여 교사는 유아들과 함께 그동안의 결과물이나 벽에 전시된 것, 파일 속 유아 활동작품들을 보며 프로젝트 전 과정을 훑어보았다.

敎: '로봇' 프로젝트 과정을 쭉 살펴보았단다. 이제 마무리를 준비해 보자.

유1: 마무리가 뭐예요?

敎: '로봇' 프로젝트를 하면서 우리가 처음 시작할 때 가졌던 생각들이 잘 이루어졌는지를 확인해보는 거란다. 특별한 자리를 만들어서 다른 사람들에게 보여주거나 설명해줄 수도 있어.

유2: 아~!! 발표를 해서요?!!

유3: 아!! 알았다~!! 동생들을 초대해서 설명해줄 수도 있지요?

敎: 그래. ^^ 너희는 어떻게 했으면 좋겠니? 조별로 한 번 생각해 보자.

(조별로 흩어져 토의한다.)

로봇 프로젝트 17

▸모둠토의

마무리 행사를 위해 모둠토의한 결과 '로봇 박물관'을 만들어보자는 의견으로 통일되었다. 로봇을 만들어 휴보와 함께 전시해보기 위해서 그 첫 번째 과제로 각자 유아들은 만들고 싶은 개인 로봇을 생각해보는 것이었다.

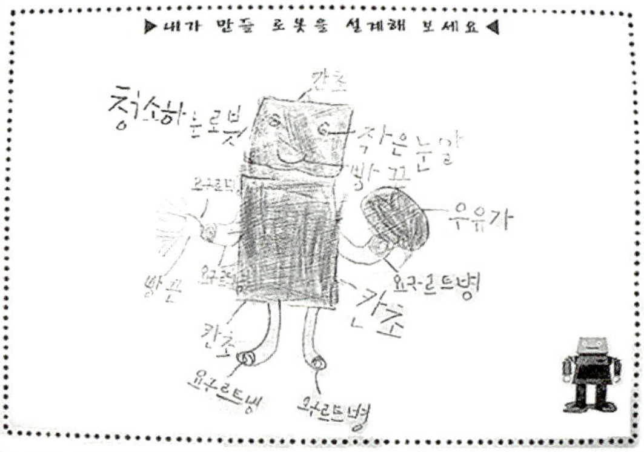

→엄마를 위해 '청소하는 로봇', '빨래하는 로봇'에서 '작은 휴보', '우주탐사 로봇', '공부하는 로봇' 등의 여러 로봇을 상상해냈고, 각자 로봇을 어떻게 만들지 재료와 모양을 그림으로 설계해 보았다.

▸교실 꾸미기

→유아가 만든 로봇들을 단상에 올려놓고 단상을 꾸미고 있다.

▸초대장 보내기

→아이들이 만든 초대장을 벽면에 붙여 놓았다.

(2) 마무리 행사

발표회나 전시회 등의 공개행사를 통해 유아들은 자신이 성취한 것을 다른 사람에게 보여주게 된다. 이러한 마무리 행사의 궁극적 목표는 프로젝트 원래의 목적을 잘 이루어냈는지를 확인·격려하고 평가하는 정도라면 충분하다. 그런데 이러한 행사가 종종 남에게 보여주기 위한 거창한 행사로 변질되는 사례가 있어 유의해야 한다.

앞서 언급했듯이 '로봇' 프로젝트의 경우 마무리 행사는 5주라는 장기간 동안 성취한 결과물들을 전시하는 것으로 결정되었다. <로봇 프로젝트 18>은 유아가 만든 개인 로봇과 '휴보'를 함께 복도에 전시한 장면이다. 다행히 어린이집 학부모들 거의 대부분이 참석하였고, 이들은 프로젝트 진행과정 동안 자녀－부모 간에 있었던 에피소드에 대해 많은 이야기를 나누었다. 또한 학부모들은 유아들이 제작한 작품과 자녀가 성장한 모습에 대해 칭찬을 아끼지 않았고, 원장이나 교사에게도 그동안 수고했다고 격려해 주어 프로젝트 기간 동안 있었던 여러 어려움도 눈 녹듯이 녹아 버렸다.

이와 같이 공개 행사에 참석한 학부모를 비롯한 외부 손님들은 유아가 계획하고 제작한 것이 조금 부족하고 엉성해 보여도 스스로 계획하고, 탐구하고, 성취한 결과물에 대해 그 과정을 격려해 주고 칭찬해 주어야 할 것이다. 그런데 '우리 아이는 마무리 작품이 한 개 밖에 없네', '작품이 별로 훌륭하지가 않아' 등과 같이 평가한다면 유아에게는 성취감보다는 자괴감이 들 것이고, 교사 또한 위축될 것이다. 이를 방지하기 위해, 유아교육기관에서는 학기 초 오리엔테이션 시간이나 프로젝트 활동을 위한 준비단계에서 알림장을 통해 프로젝트의 목적과 특성, 그리고 진행과정에 대해 알려주어 그 본래의 목적을 분명히 알려주는 것이 필요하다.

로봇 프로젝트 18 전시회

유아가 만든 개인 로봇과 '휴보'를 함께 복도에 전시하였다. 유아들은 어린이집 선생님들, 동생들, 부모님들께서 로봇에 대해 물어 볼 때 옆에서 설명해 주곤 했다. 자긍심을 가질 수 있었다.

(3) 마무리 행사 이후

마무리 행사를 개최한 후에는 잘된 점, 개선해야 할 점 등을 중심으로 평가해야 하고 행사 결과물이나 자료를 정리해야 한다. 특히 정리하는 일은 유아들이 꼭 참여하도록 하여 정리정돈 하는 습관을 형성하도록 한다.

행사 이후 유념해야 할 일은 유아의 가정에서 가져온 자원은 되돌려 주고, 비록 조그마한 자원이라도 도움을 주었던 학부모에게 감사 메모를 알림장에 남기는 일이다. 이는 다음 프로젝트를 위한 학부모의 적극적인 협조를 얻어 낼 수 있는 기분 좋은 메시지라 할 수 있다.

<로봇 프로젝트 19>는 그동안 유아 각자의 활동지 및 작품들을 정리한 개인 프로젝트 파일들을 모아둔 것들이다.

로봇 프로젝트 19 개인 파일정리

→개인 프로젝트 파일 속에 그동안의 활동지 및 작품들을 정리하였다.

5 프로젝트 평가

앞 장에서 제시된 <표 4-1>과 <표 4-2>는 프로젝트 시작단계에서 마무리단계까지 전 과정에 걸쳐 교사와 유아의 각자 역할 수행에 대한 평가준거 문항들이다. 이들 평가준거에 의한 평가는 프로젝트가 종료되는 시점뿐만 아니라 프로젝트 활동이 진행되는 동안에도 이루어져야 한다. 프로젝트 활동 중에 이루어지는 평가는 프로젝트를 보다 개선·발전시켜 유아의 학습효과를 높이고, 프로젝트 종료 후 평가는 프로젝트 전체를 반성하고 유아에게 나타난 학습효과를 평가해서 차후 다른 프로젝트 활동을 보다 효과적으로 수행하는데 기여한다.

'로봇' 프로젝트의 경우에 프로젝트 활동이 진행되는 동안 평가가 이루어졌다. 이는 프로젝트를 보다 개선시켜 유아 학습에 도움을 줄 수 있었다. 예컨대, 주제와 관련해서 생각모으기를 할 때 소극적인 유아, 글씨를 잘쓰지 못하는 유아 등을 파악하여 적극적이고 글씨 잘쓰는 유아와 함께 모둠별 토의활동이 이루어질 수 있도록 조정하였다.

또한 프로젝트가 종료되는 시점에서도 평가가 이루어져 유용한 정보를 얻을 수 있었다. 예컨대, 추후활동으로 만들기가 많이 시도되었기 때문에 다음에는 신체－음률이나 역할놀이 등으로 표현해 보도록 시도해야겠다고 반성하게 되었다. 이렇게 평가는 차후 다른 프로젝트 활동을 보다 효과적으로 수행하는데 도움이 될 뿐만 아니라 교사로서의 전문적인 발달을 위해서도 도움이 될 것이다.

부 록

- '자동차' 프로젝트 주제망
- '결혼' 프로젝트 주제망
- '김치' 프로젝트 주제망
- '닭' 프로젝트 주제망
- '병원' 프로젝트 주제망
- '소금' 프로젝트 주제망
- '바다' 프로젝트 주제망
- '빵' 프로젝트 주제망
- '수박' 프로젝트 주제망
- '우산' 프로젝트 주제망
- '신문' 프로젝트 주제망
- '소리' 프로젝트 주제망
- '책' 프로젝트 주제망
- '산' 프로젝트 주제망
- '우체국' 프로젝트 주제망
- '물' 프로젝트 주제망
- '주유소' 프로젝트 주제망
- '컴퓨터' 프로젝트 주제망
- '아버지' 프로젝트 주제망
- '딸기' 프로젝트 주제망

'자동차' 프로젝트 주제망

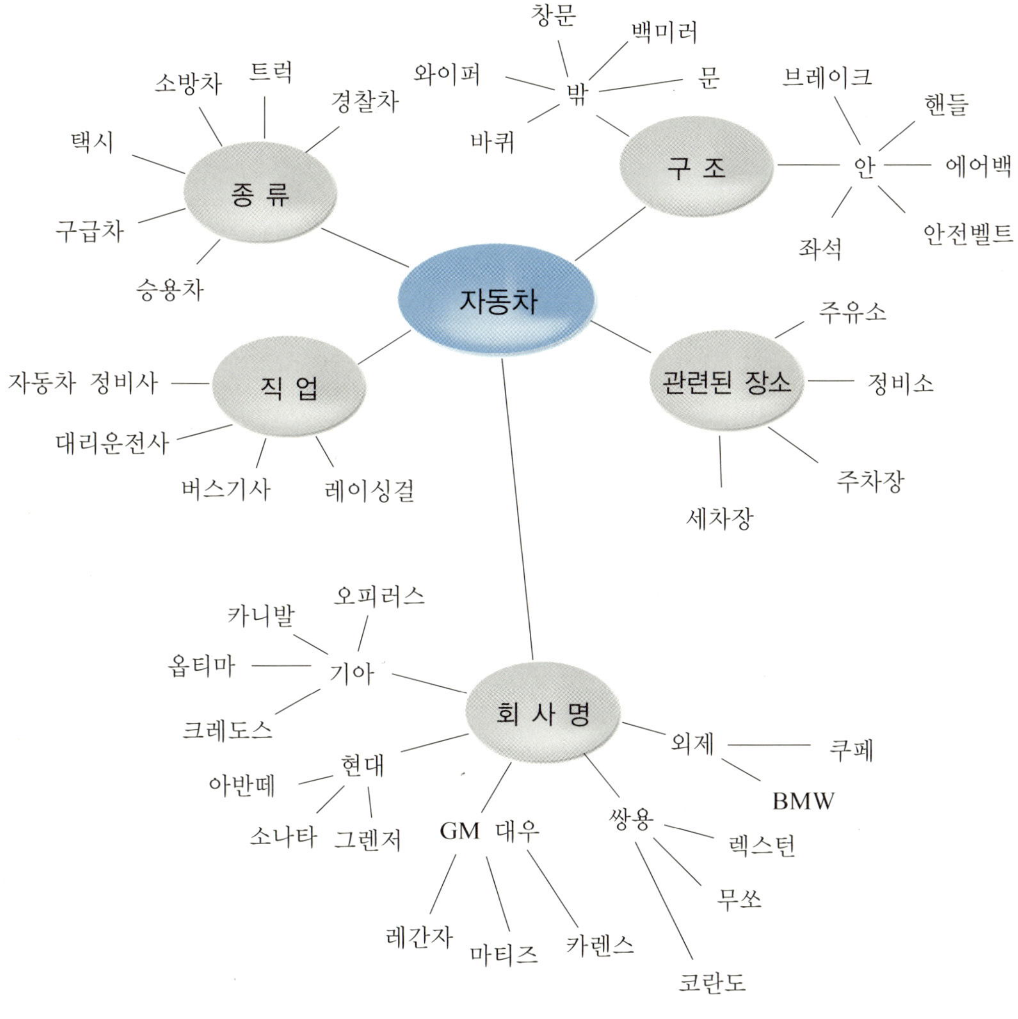

자료출처: 유아교육기관 교사를 위한 프로젝트 접근법의 이론과 실제. 전남련 지음. 양서원.

'결혼' 프로젝트 주제망

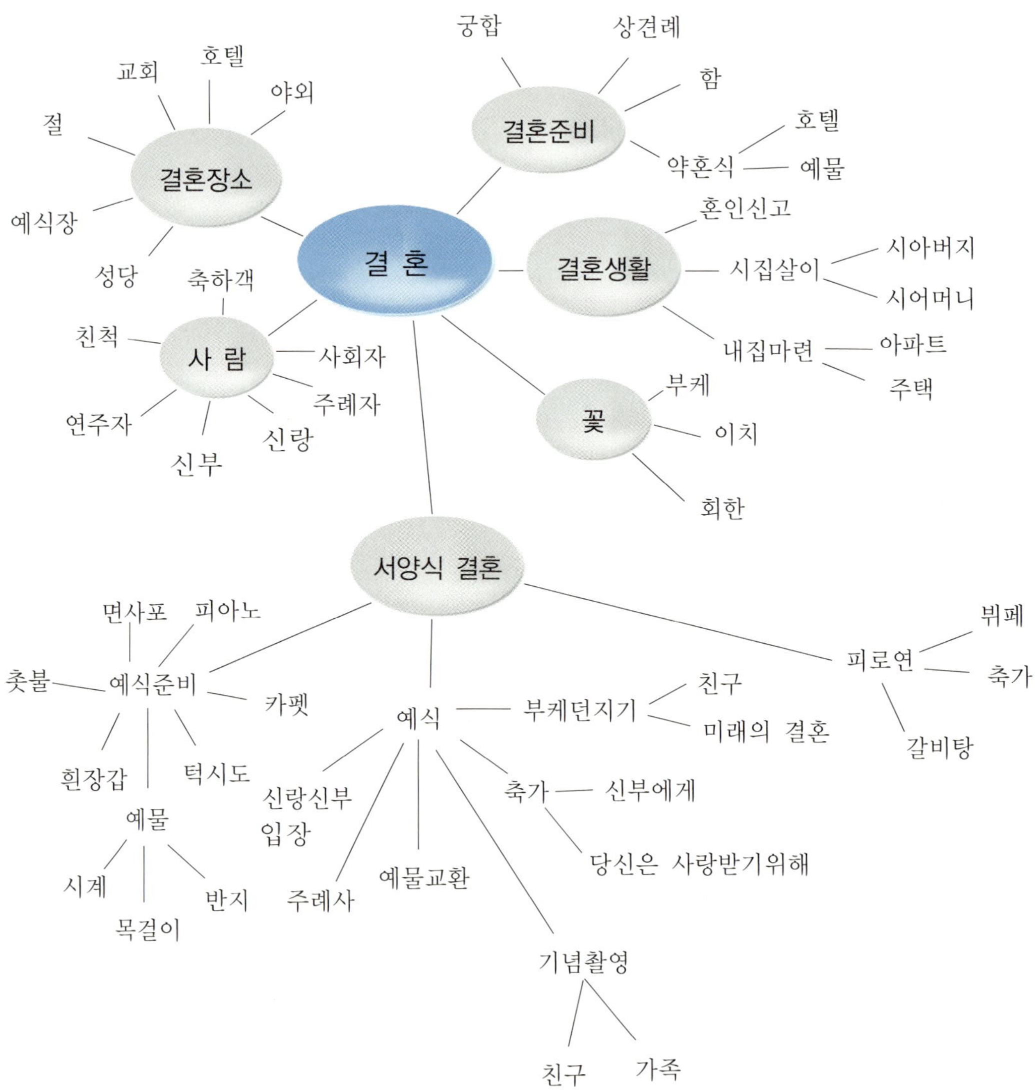

자료출처: 유아교육기관 교사를 위한 프로젝트 접근법의 이론과 실제. 전남련 지음. 양서원.

'김치' 프로젝트 주제망

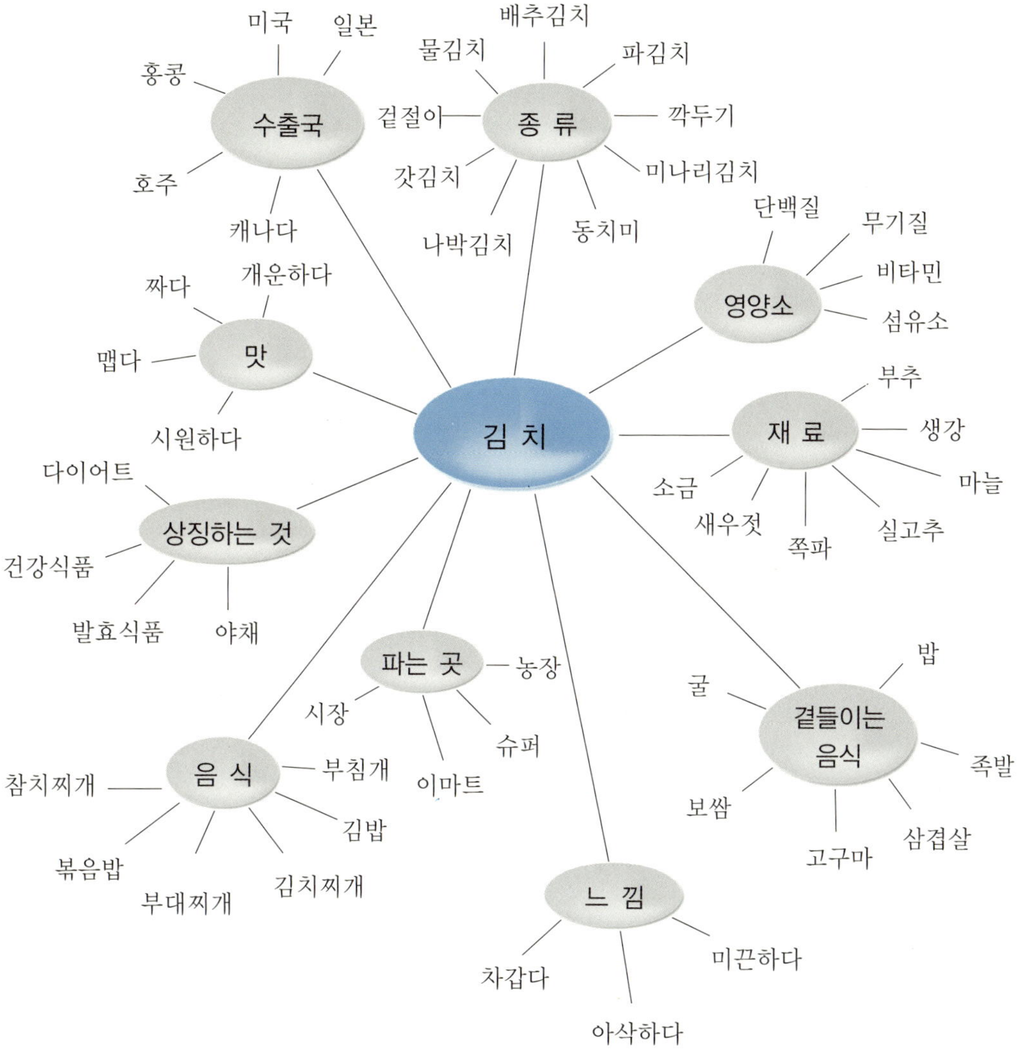

자료출처: 유아교육기관 교사를 위한 프로젝트 접근법의 이론과 실제. 전남련 지음. 양서원.

'닭' 프로젝트 주제망

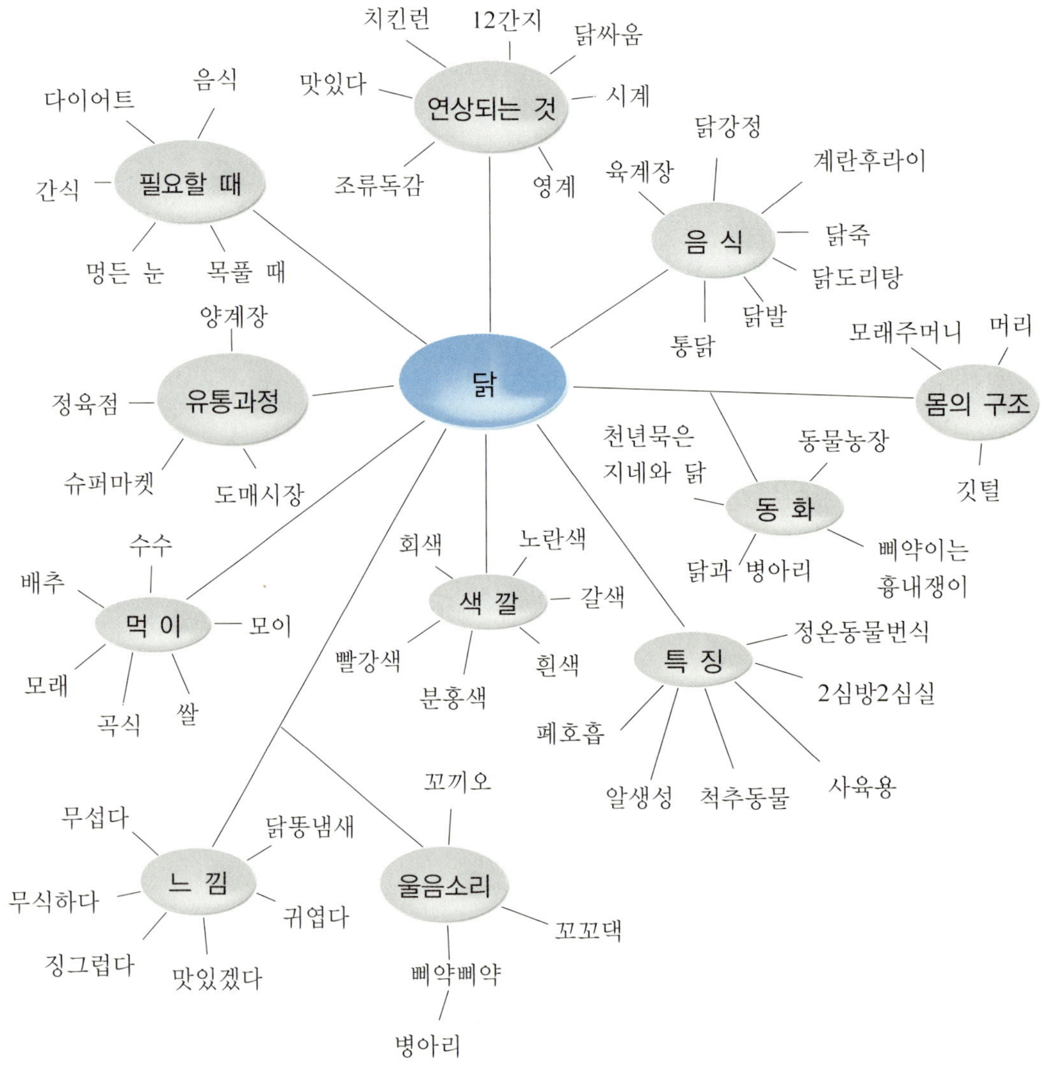

자료출처: 유아교육기관 교사를 위한 프로젝트 접근법의 이론과 실제. 전남련 지음. 양서원.

'병원' 프로젝트 주제망

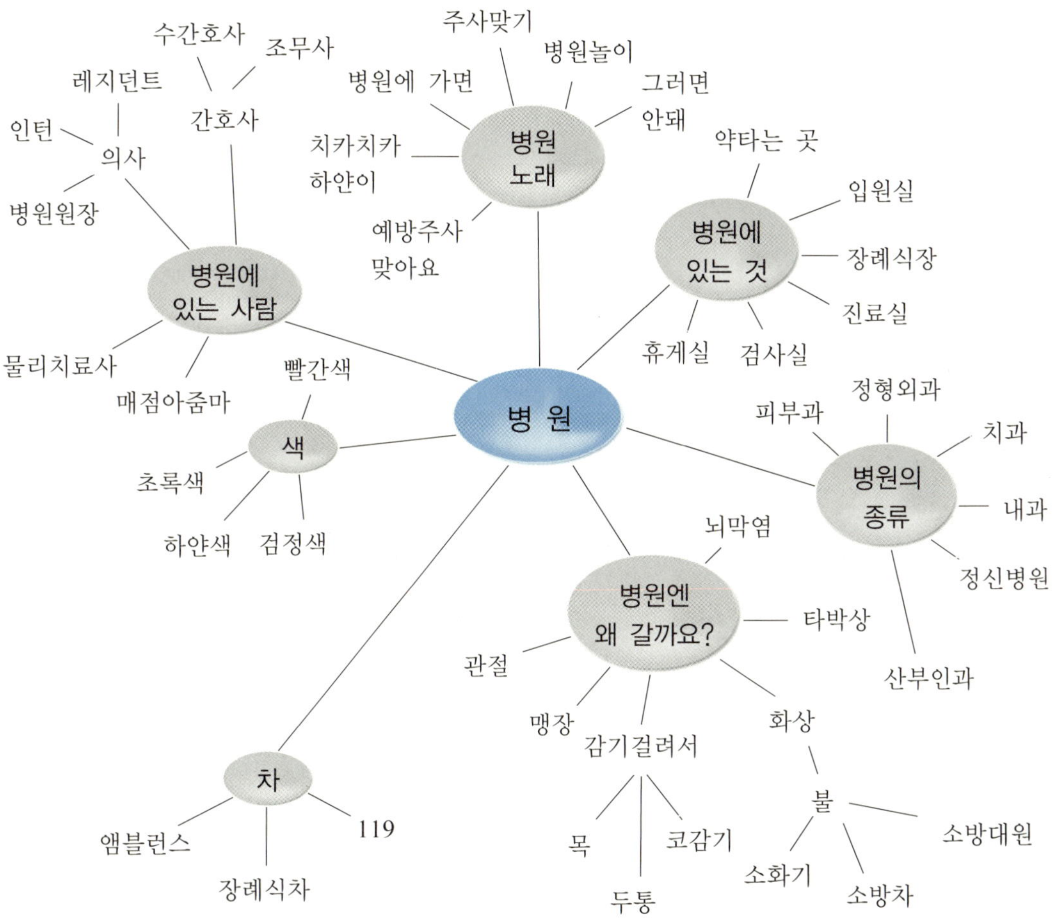

자료출처: 유아교육기관 교사를 위한 프로젝트 접근법의 이론과 실제. 전남련 지음. 양서원.

'소금' 프로젝트 주제망

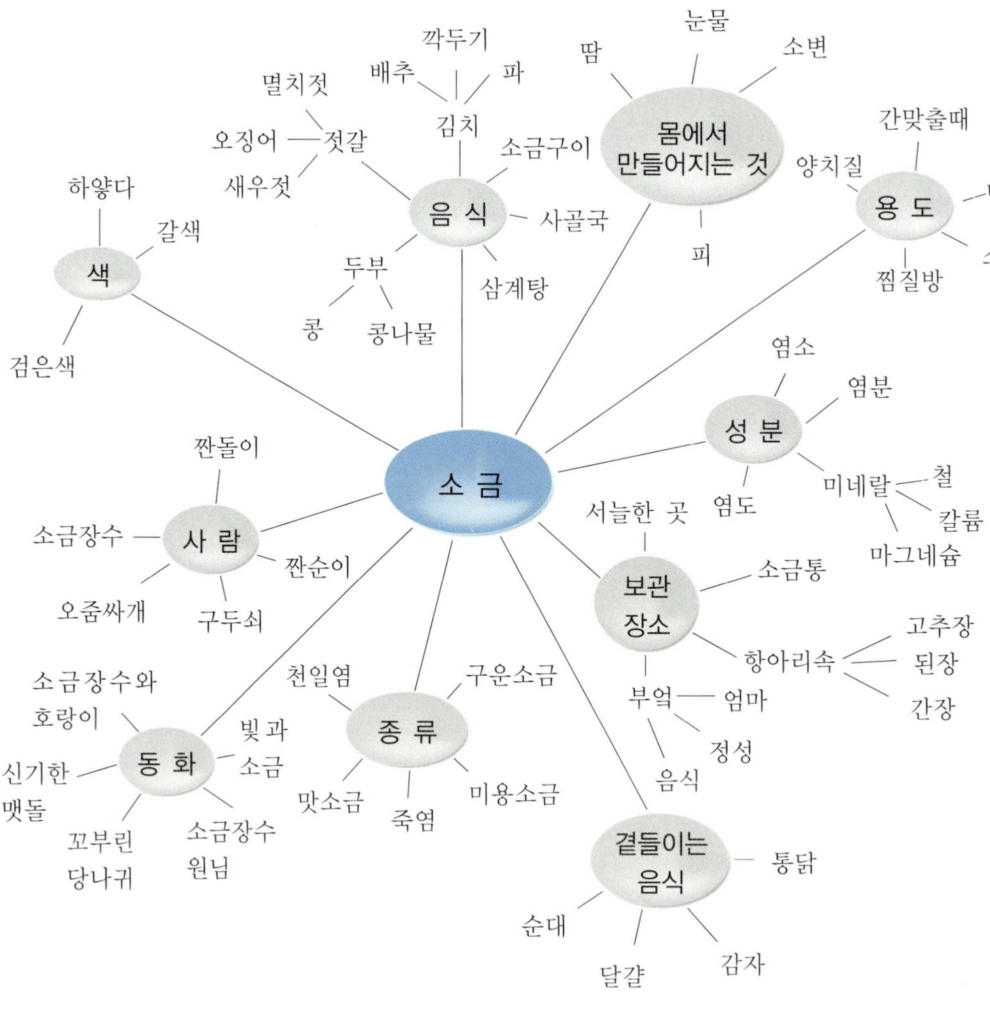

자료출처: 유아교육기관 교사를 위한 프로젝트 접근법의 이론과 실제. 전남련 지음. 양서원.

'바다' 프로젝트 주제망

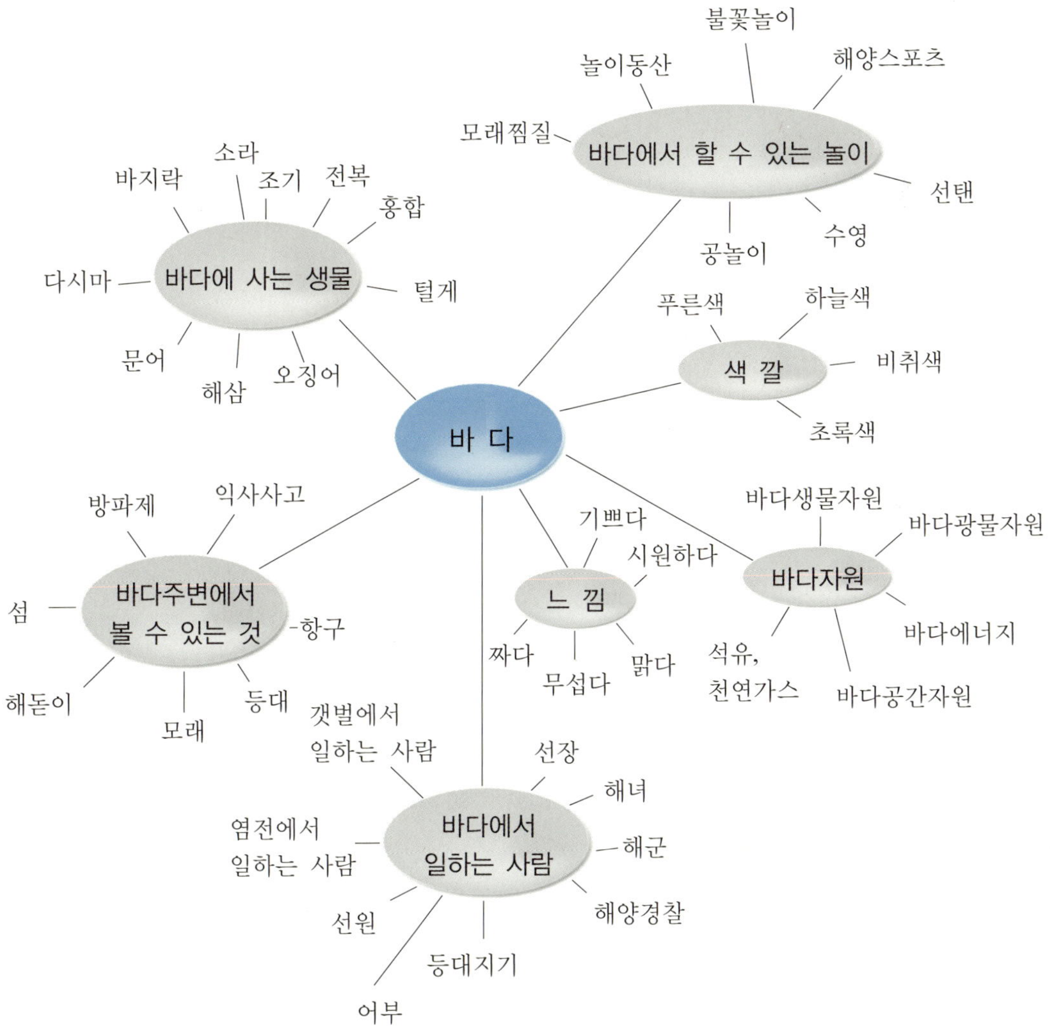

자료출처: 유아교육기관 교사를 위한 프로젝트 접근법의 이론과 실제. 전남련 지음. 양서원.

'빵' 프로젝트 주제망

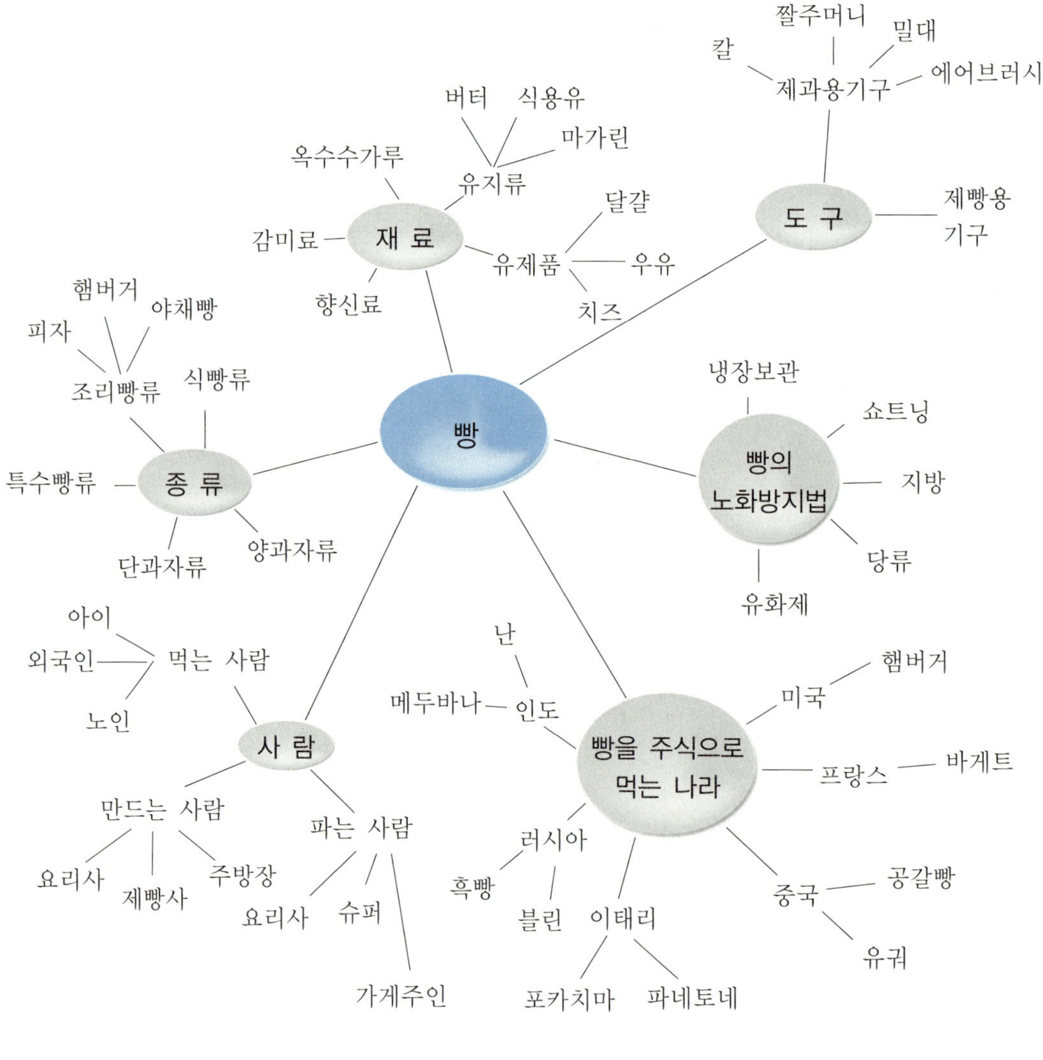

자료출처: 유아교육기관 교사를 위한 프로젝트 접근법의 이론과 실제. 전남련 지음. 양서원.

'수박' 프로젝트 주제망

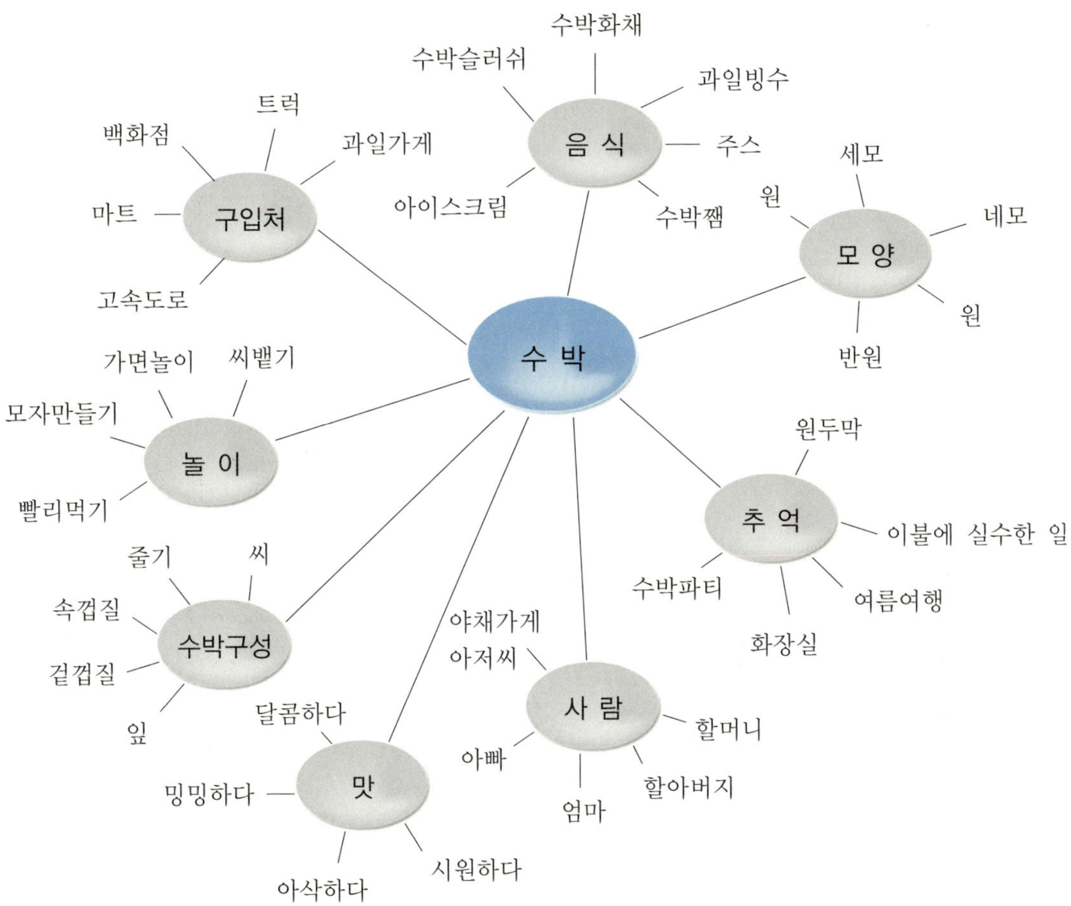

자료출처: 유아교육기관 교사를 위한 프로젝트 접근법의 이론과 실제. 전남련 지음. 양서원.

'우산' 프로젝트 주제망

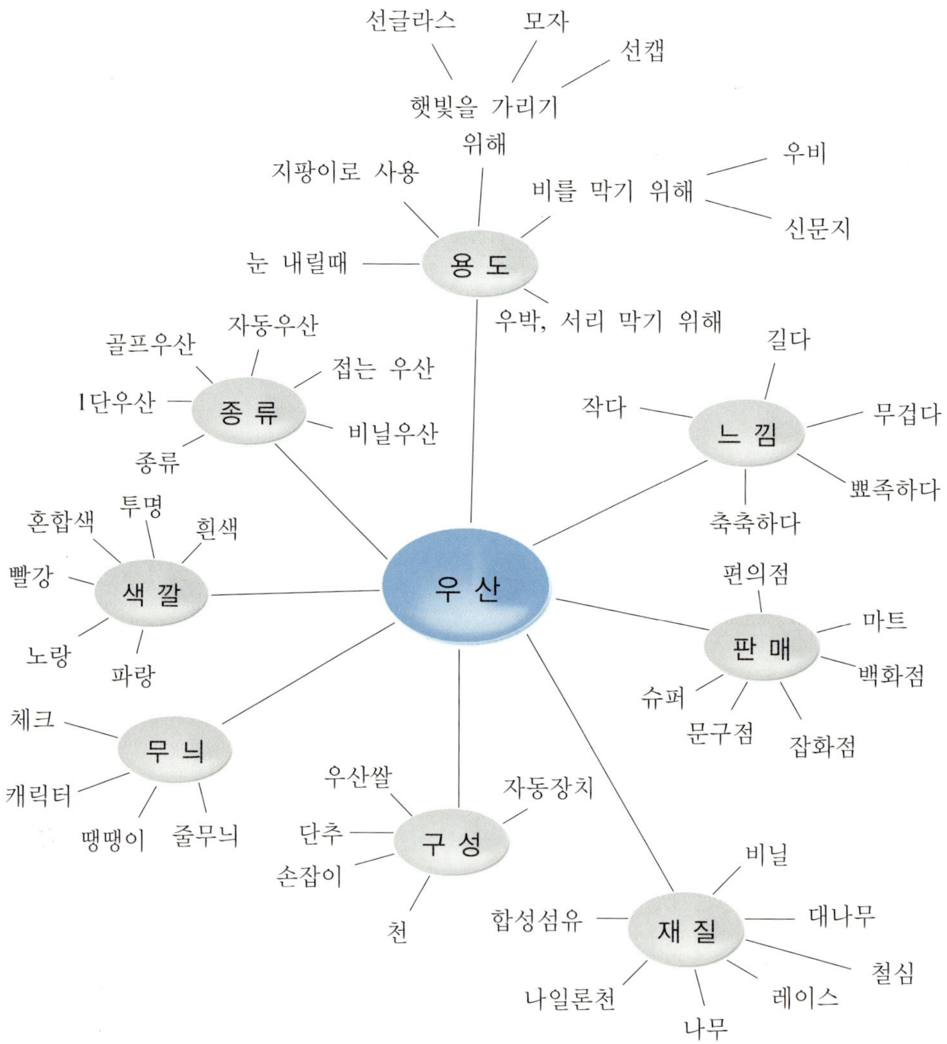

자료출처: 유아교육기관 교사를 위한 프로젝트 접근법의 이론과 실제. 전남련 지음. 양서원.

'신문' 프로젝트 주제망

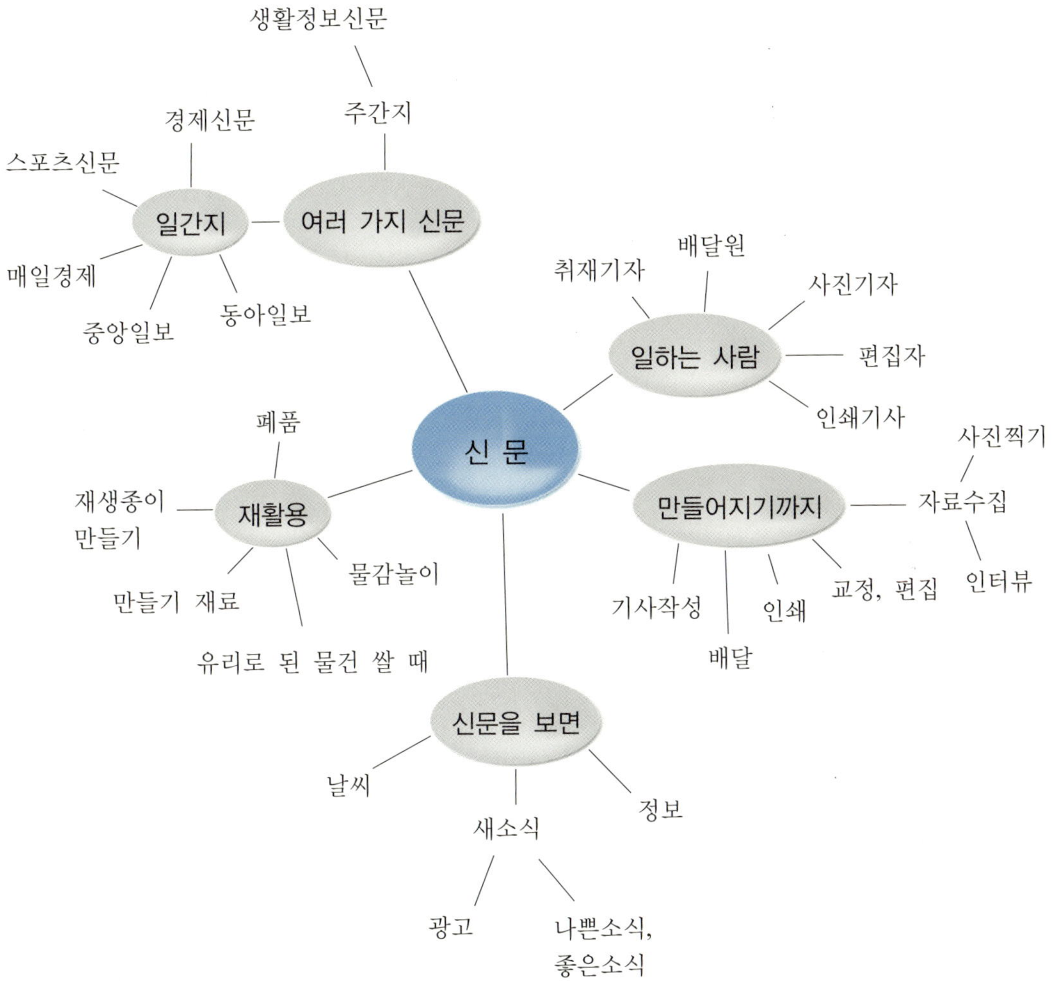

자료출처: 유아교수 · 학습방법. 이희경 저. 동문사.

'소리' 프로젝트 주제망

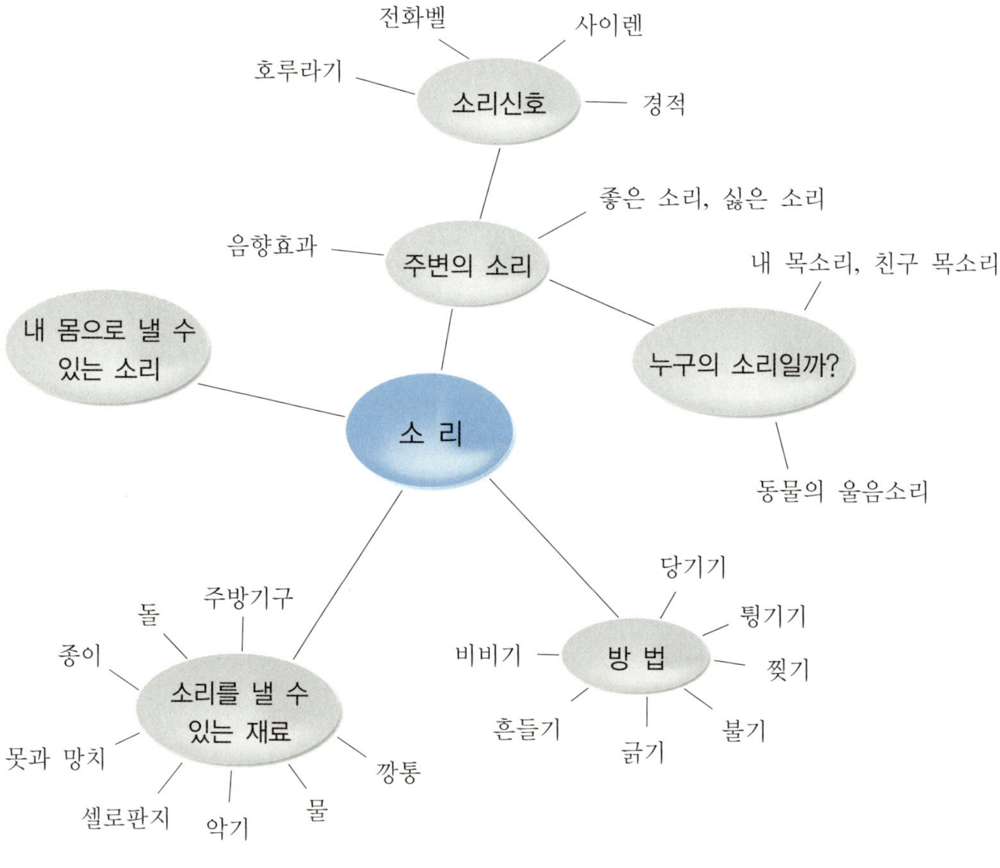

자료출처: 유아교수 · 학습방법. 이희경 저. 동문사.

'책' 프로젝트 주제망

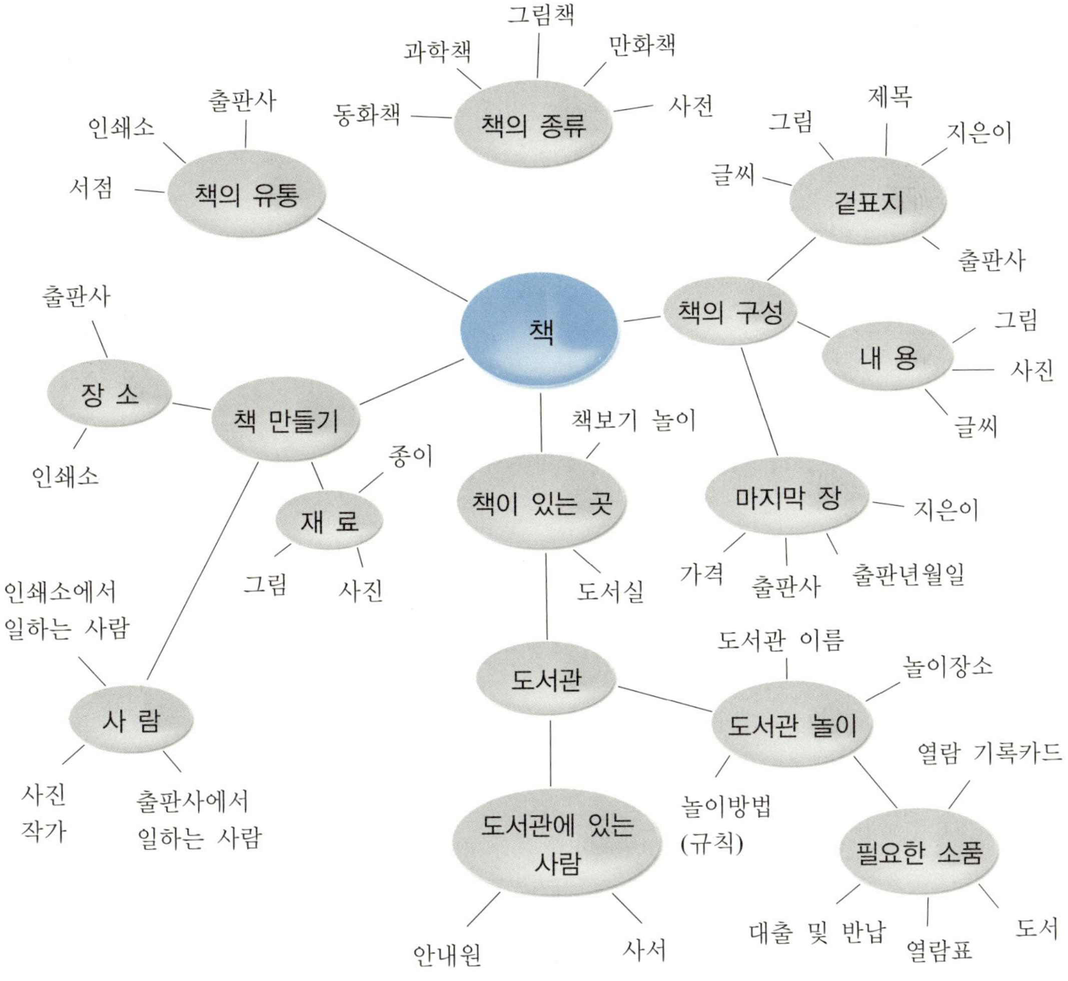

자료출처: 유아교수 · 학습방법. 이희경 저. 동문사.

'산' 프로젝트 주제망

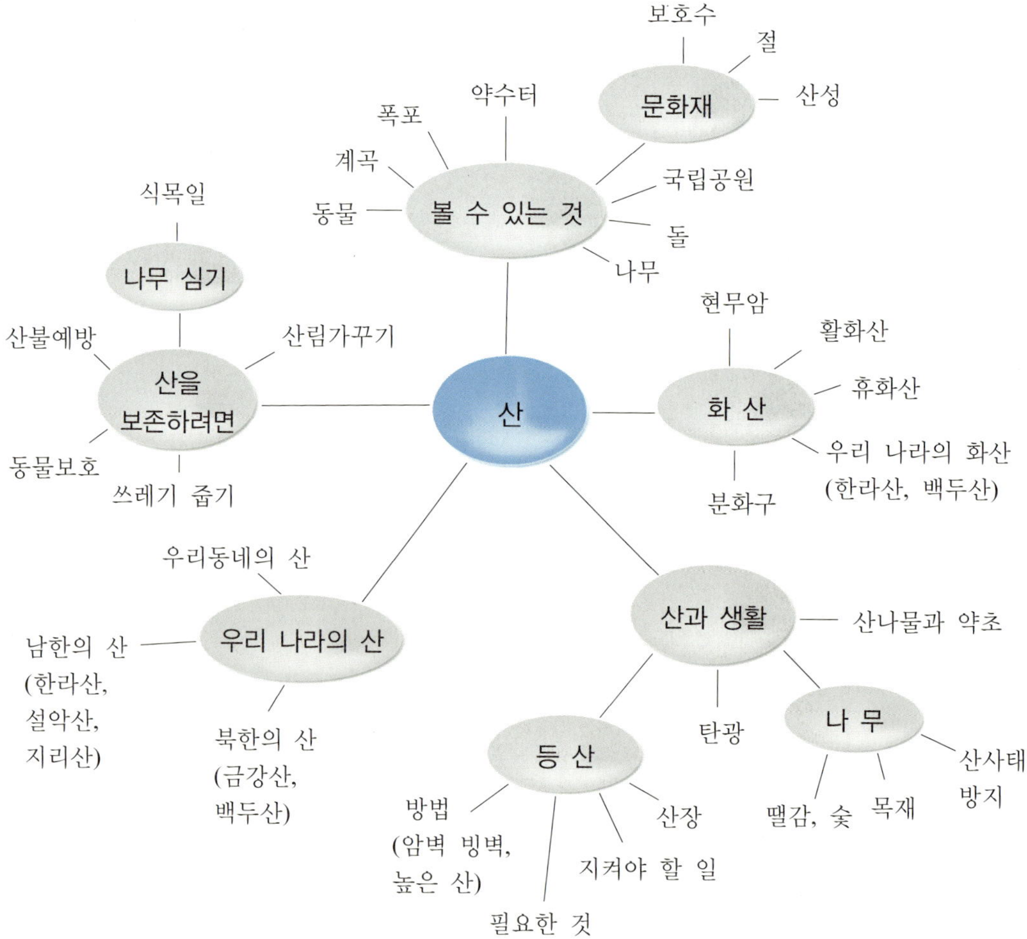

자료출처: 유아교수 · 학습방법. 이희경 저. 동문사.

'우체국' 프로젝트 주제망

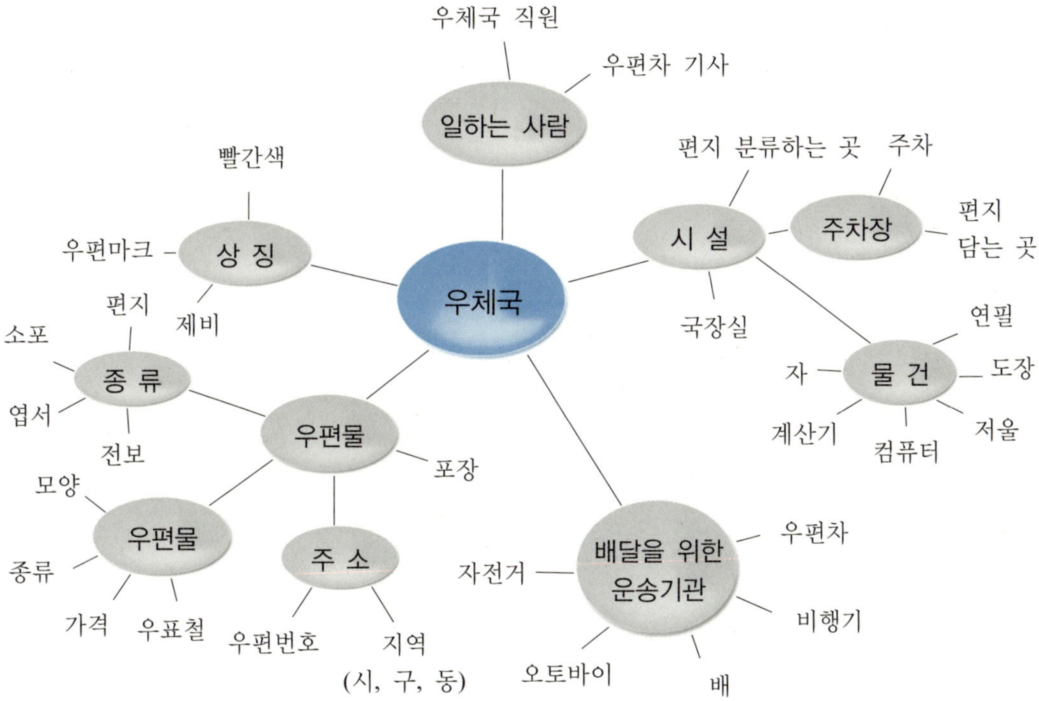

자료출처: 유아교수 · 학습방법. 이희경 저. 동문사.

'물' 프로젝트 주제망

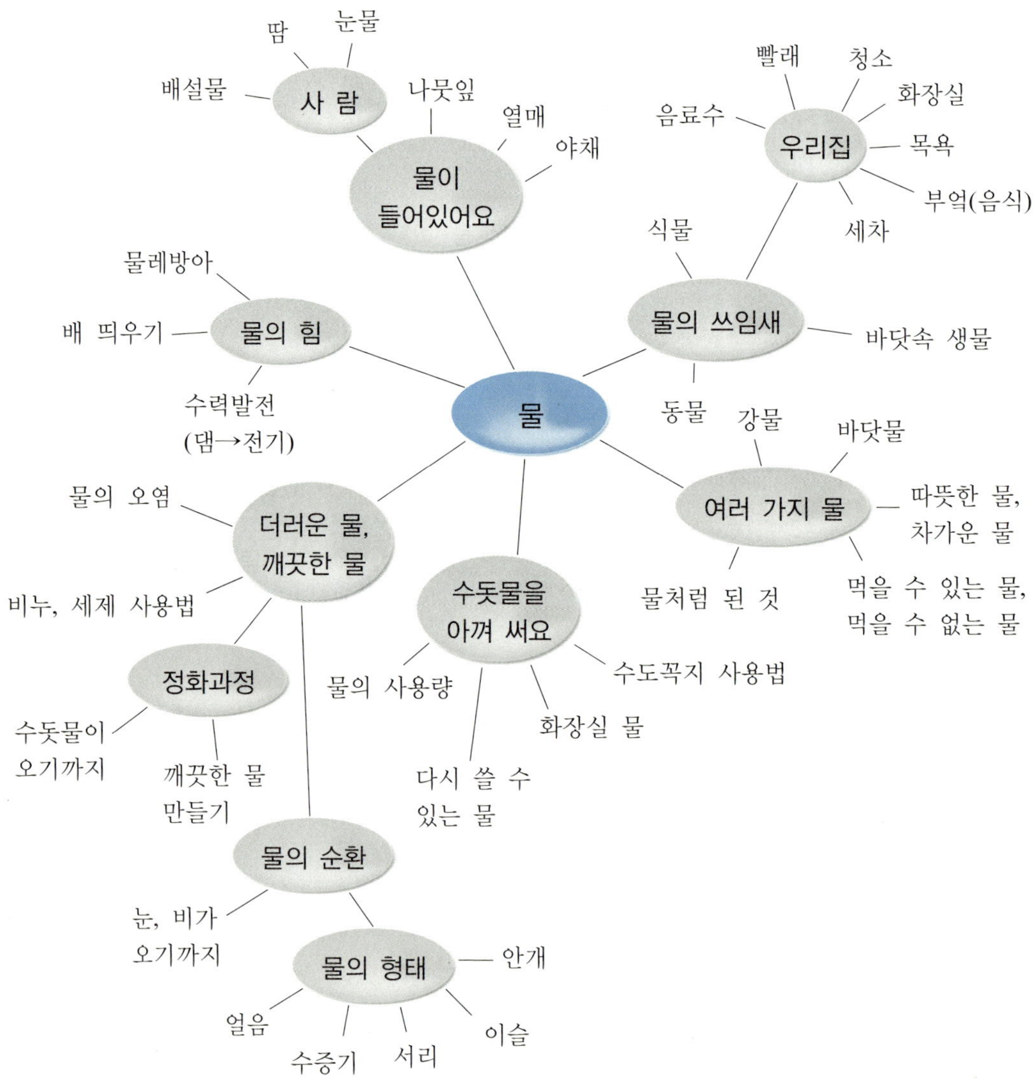

자료출처: 유아교수 · 학습방법. 이희경 저. 동문사.

'주유소' 프로젝트 주제망

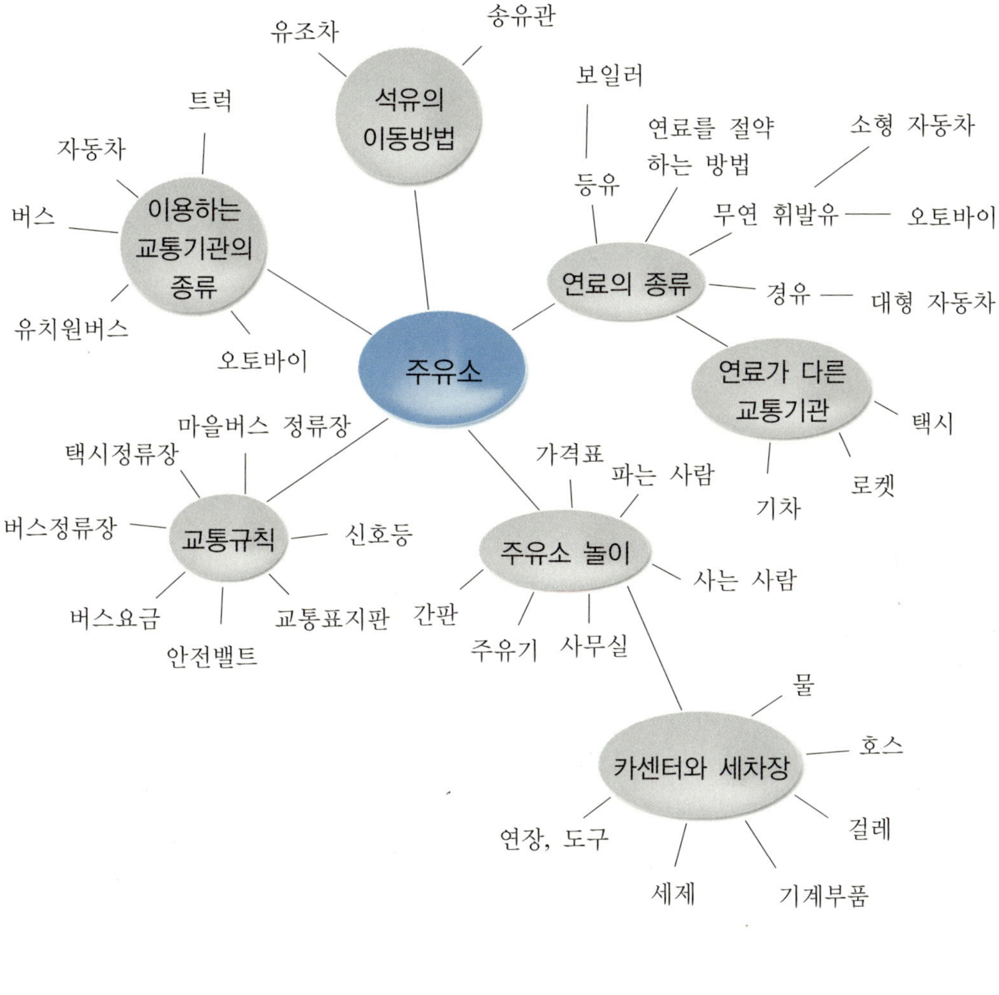

자료출처: 유아교수 · 학습방법. 이희경 저. 동문사.

'컴퓨터' 프로젝트 주제망

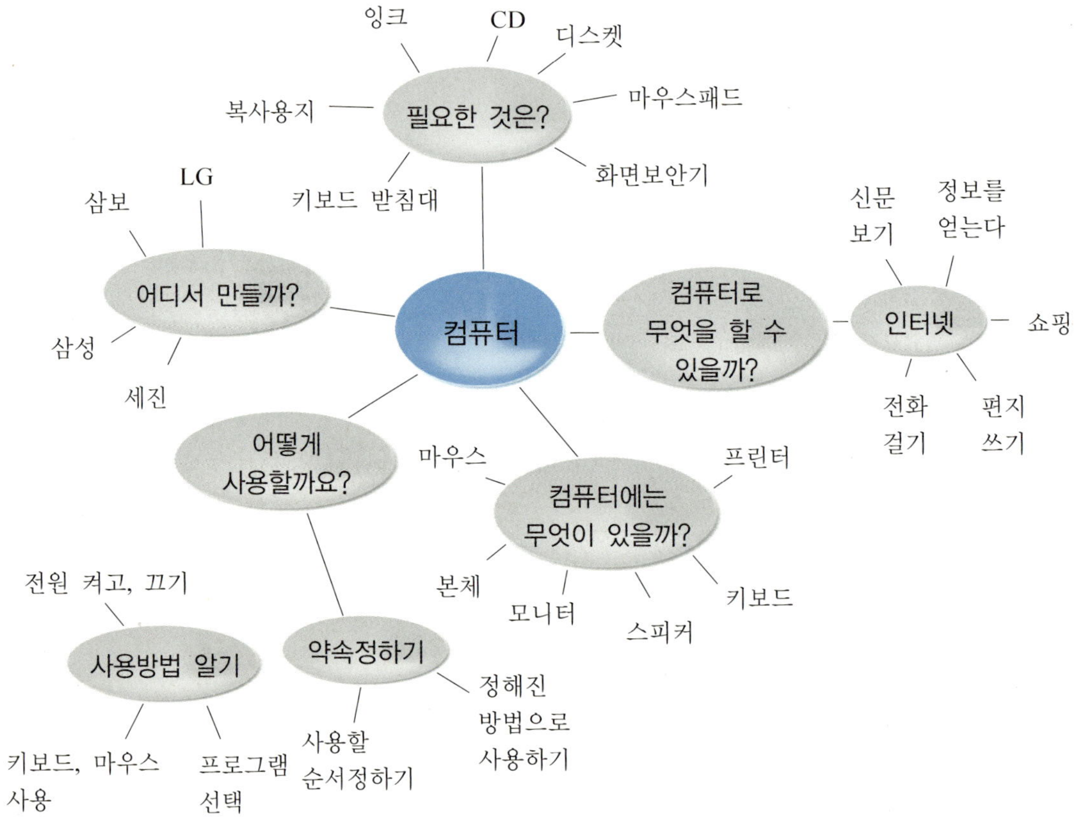

자료출처: 유아와 함께하는 프로젝트 접근방법의 이론과 실제. 하순련 · 오영희 저. 양서원.

'아버지' 프로젝트 주제망

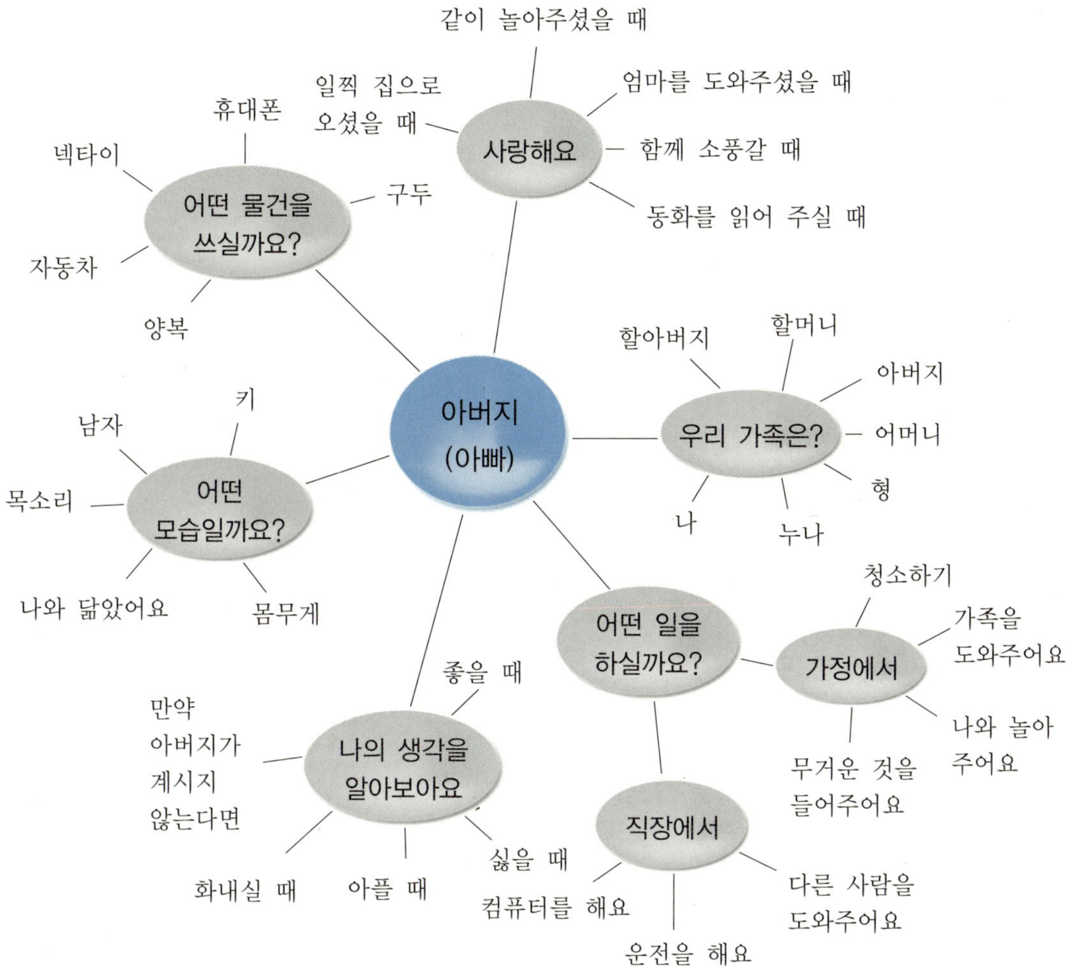

자료출처: 유아와 함께하는 프로젝트 접근방법의 이론과 실제. 하순련 · 오영희 저. 양서원.

'딸기' 프로젝트 주제망

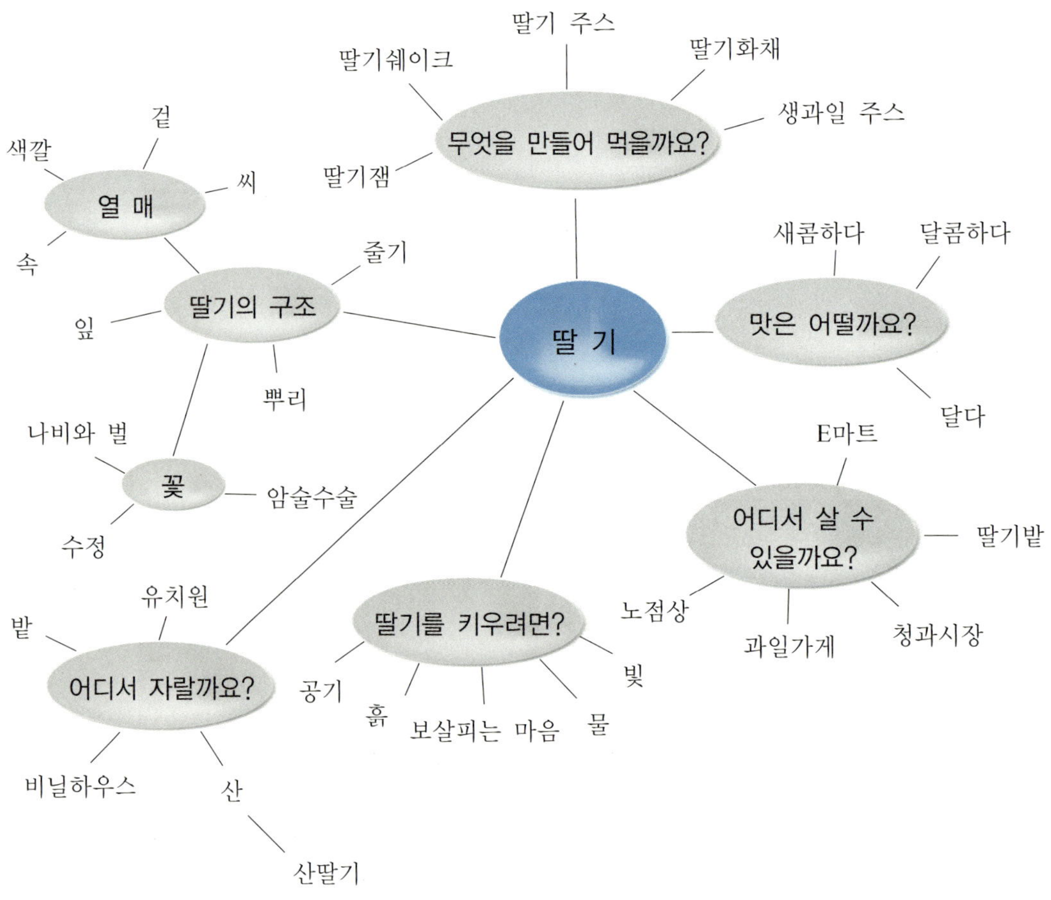

자료출처: 유아와 함께하는 프로젝트 접근방법의 이론과 실제. 하순련 · 오영희 저. 양서원.

참 고 문 헌

김재복(1987). 통합교육과정의 이론과 적용. 교육과학사.

김혜민(2004). 유아교육에 있어서 레지오에밀리아 접근법과 프로젝트 접근법 비교연구. 숙명여자대학교 교육대학원 석사학위논문.

안소영(1998). 프로젝트 접근법이 유아의 상호작용에 미치는 효과. 숙명여자대학교 대학원 석사학위논문.

은용기, 길형석(1992). 열린학교, 열린교육. 대한교과서주식회사.

이명조(2005). 영유아 발달과 교육. 양서원.

정선영(2004). 프로젝트 접근법이 유아의 사회·정서 및 언어발달에 미치는 영향. 강원대학교 교육대학원 석사학위논문.

지옥정(1996). 프로젝트 접근법이 유아의 학습준비도, 사회·정서발달, 자아개념 및 프로젝트 수행능력에 미치는 효과. 한국교원대학교 대학원 박사학위논문.

_____(2006). 유아교육현장에서의 프로젝트 접근법. 창지사.

하순련, 오영희(2001). 유아와 함께하는 프로젝트 접근방법의 이론과 실제. 양서원.

Chen, J., Krechevsky, M., & Isberg, E. (1998). Building on children's strengths: the experience of project spectrum. N.Y.: Teachers College Press.

Collings, E. (1923). *An experiment with a project curriculum*. N.Y.: Macmillan.

Crain, W. (1992). *Theories of development: concepts and applications* (3rd ed.). N.Y.: Prentice-Hall.

Dewey, J. (1938). *Experience and education*. N.Y.: Macmillian.

Edwards, C., Gandini, L., & Forman, G. (Eds) (1993). The hundred languages of children: the Reggio Emilia approach to early childhood education. Greenwood, N.J.: Ablex.

Gardner, H. (1993). Frames of mind: the theory of multiple intelligences. N.Y.: Basic Books.

Katz, L. G, & Chard, S. C. (1989). *Engaging Children's Mind.* N.Y.: Ablex.

Kilpatrick, W. H. (1919). *The project method.* N.Y.: Teachers College, Columbia University.

Rawciffe, F. W. (1927). *Practical problem project*(1924-1927). Chicago: F. E. Compton & Company.

Stewart, J. (1986). *The making of the primary School.* Milton Keynes: Open University Press.

Tanner, D. & Tanner, L. N. (1980). Curriculum Development. N.Y.: Macmillan.

찾 아 보 기

본 문 색 인

인 명 색 인

공저자 소개

이 명 조

한국외국어대학교 영어전공(문학사)
서울대학교 대학원 교육심리학전공(교육학석사)
미국 University of Arkansas 유아교육전공(교육학박사)
(현) 한국외국어대학교 사범대학 교수

►주요 저서 및 역서

아동상담과 치료(공역, 양서원, 1990)
피아제식 유아교수방법(공역, 교육과학사, 1994)
영아보육프로그램 6권(공저, 서울특별시 가정복지국[과], 1997)
창의성 개발을 위한 재미나는 유추활동(양서원, 2000)
영유아 보육서비스 실태분석과 종합대책 수립 연구 : 대통령직속 여성특별위원회, 한국보건사회연구원, 용역보고서 0067(공저, 한국보건사회연구원, 2000)
한국 유아의 조기교육 : 아산재단 연구보고서 제87집(공저, 집문당, 2003)
영유아 발달과 교육(양서원, 2005)

배 미 희

한국외국어대학교 교육대학원 재학 중
(현) 구립 해바라기 어린이집 교사

서울 양천구 우수교사 표창장 받음(2006년 12월)

저 자
인 지

유아교육현장에 쉽게 적용할 수 있는

프로젝트 접근법

2007년 5월 10일 초판 인쇄
2007년 5월 15일 초판 발행

공저자 / 이명조 · 배미희
발행인 / 이 중 수
발행처 / **동 문 사**

서울특별시 서대문구 홍제동 137-8
Tel : (02) 736-3718(대), 736-3710, 3720
Fax : (02) 736-3719
등록번호 : 제9-17호
가격 : 10,000원

ISBN : 978-89-8251-277-3 (93370)
E-mail : dms736@korea.com
www.dongmunsa.com